コーヒーを味わうように民主主義をつくりこむ

日常と政治が隣り合う場所

秋山訓子
Noriko AKIYAMA

現代書館

コーヒーを味わうように民主主義をつくりこむ

日常と政治が隣り合う場所

目次

第2章

日本でも芽吹く「政治を語る場」

最初の一歩を踏み出した若者たち

プロローグ

インドネシア・スラウェシ島のカフェで民主主義を紡ぐ

スラウェシ島のカフェ「クダイ・ファブラ」
店主のダウスさんと妻のエラさん

モハマド・サファリ・フィルダウスさん提供

インドネシア・スラウェシ島のカフェで民主主義を紡ぐ

「どんなコーヒーが好き？」

「コクのある感じですかね」

店主がコーヒー豆を選び、ていねいにゆっくりと、時間をかけて淹れてくれた。

インドネシア・スラウェシ島のパル市にあるカフェ「クダイ・ファブラ」だ。

店主は、モハマド・サファリ・フィルダウス（通称ダウス）さん。アートや文化、人権問題をテーマとするフリーのライターであり、ドキュメンタリーフィルム作家でもある。彼が製作・編集した作品が日本の山形国際ドキュメンタリー映画祭で上映されたこともある。

無類のコーヒー好きで、いろいろな場所に出かけるたびに地元産のコーヒー豆を手に入れては自分で挽いてコーヒーを淹れて楽しむのが趣味だったダウスさんは、2018年にカフェを開く。地域の人々がカフェを開業するためにバリスタとしてのトレーニングの拠点になれば、という思いもあった。実際にここで修行をしてカフェを開業した人もいる。

ダウスさんの妻は、ノルラエラ（通称エラ）・ラマシトゥジュさん。女性のエンパワメントや人権侵害に取り組むNGOの創設者で、代表を務める。カフェを拠点にしながら活動をしている。

エラさんはもともと会計士だった。しかし多くの紛争や人権侵害の事例を目にし、女性が犠牲になりやすいと感じて、2004年にNGOをつくった。NGOの名前は「エスカペハム」。インドネシア語で「中央スラウェシの人権侵害被害者のための連帯」の単語の頭文字をつなぎ合わせたものだ。人権侵害の実情をデータとして集め、女性を救ってエンパワメントする活動を続けている。

たとえば、1965年におきた大虐殺事件がある。エラさんが生まれる10年以上も前のことだが、インドネシア共産党に関係すると疑われた人々が虐殺され、投獄された。犠牲者は50万人とも100万人とも言われる。真相はまだ完全に解明されていない。いまだに、人々の間で尾を引いている大事件だ。2012年と2014年にこの事件をテーマにしたドキュメンタリー映画が作られたほどだ（「アクト・オブ・キリング」「ルック・オブ・サイレンス」）。

エラさんは、何が起きたのか実態を地道に調べる作業を続けている。そして、レイプや暴行、差別といった被害にあいやすい女性たちをトラウマやPTSDから救う活動もしている。女性たちの話を聞き、グループでワークショップをし、癒やし、一人ではないと励ます。

「女性はいろいろな意味で傷つきやすい。特にこの辺はまだまだ女性の力が弱いので。でも、仲間がいればそれだけでこころづよくなり、一歩が踏み出せます。私はそれを助けたい」。といっても、傷ついた女性たちは最初はなかなか心を開いてくれない。エラさんは彼女たちに寄り添い、ていねいに関係を紡いでいく。「彼女たちが抱える問題について話してくれたとき、本当に嬉しい」

女性が手に職をつける後押しもする。たとえば、地元産の美しい布で作ったバッグなどの裁縫製品をつくって売ったり、小さな食堂を開業したり。「お料理が得意な人が多いですから。私は簡単な収支計算なども教えます。自分でお金を稼ぐことで、みんな自信をつけていくんです。それが何よりも大事です」

カフェの話に戻る。カフェの名前はインドネシア語で「ストーリー」を意味する。「インドネシアのさまざまな土地でコーヒーが作られていて、それぞれの土地に物語があるから」（ダウスさん）

そしてカフェはその名の通り、やってくる人たちがそれぞれの「ストーリー」をシェアする場となった。

カフェを開いた2か月後、2018年9月にパルは大規模な地震と津波に襲われた。ダウスさんとエラさんは被災地の復興支援にやってくるボランティアにカフェを開放。それぞれのストーリーと情報を共有してほしい、と頼んだ。カフェには多くのボランティアがやってきて一休みし、やがて復興について議論する場となる。「一杯のコーヒーと、ストーリーと情報を交換する場だったんです」（ダウスさん）

今では多くのNGOや市民活動家が集い、ミーティングや議論の場として使われるようになった。カフェの外壁にはインドネシア語で「girls raise her voice」の文字が。そして、中の壁には、ホワイトボードにミーティングの予定がたくさん記入されていた。

エラさんが支援し、そしてカフェに集うようになった女性の一人がサムシナルさんだ。

サムシナルさんは小学校の時に背骨に大けがを負い、背がそれ以上伸びなくなった。手先が器用で、仕立物で身を立てている。「みんなと話すうちに私も仲間を作ろうと思った」という。

ひきこもりがちな、身体に障害を持つ女性たちを探してたずね歩いて誘った。「一緒に仕立ての仕事をしませんか。私にもできたんだから、あなたもできます」。5人の女性たちに裁縫を教え、今では彼女の名前の一部をとった店「シナール・テイラー」として完成品を納入できるまでになった。

「みんな女性で、かつ障害を抱えていることで差別されてきました。でも、手に職をつけたために自信をつけることができた。もう誰かに頼らなくてもよく、社会に出て行こうと思えるようになった」。そう語る彼女の表情はとても生き生きとしていた。

「私自身も、仲間を作っていろいろ話し合うことでさらに自信がつき、たくさんのことを学びました」

障害のある女性のための組織を作り、リーダーになった。

「みんなと話すうちに、社会や政府に働きかけて、変えていくことが必要だと気づいたんです。それは私たちにしかできない」

自治体に、障害者の教育などについて政策提言もしている。

「役所と交渉して、成果も上がっているんですよ」

＊

女性や障害者など「マイノリティー」だからこそ、社会問題に気づくことができる。一人では何もできなくても、経済的に自立して仲間を作れば、課題解決に向けて一歩踏み出す自信を得られる。その中から政策を変えようと試み、やがては自ら政治家になろうという人も出てくるかもしれない。

やはりカフェの常連の一人、ムハンマド・イクサンさんは、女性のための人権問題に取り組むＮＰＯのスタッフで、同性愛者だ。

インドネシアはイスラム教信徒が大多数で、同性愛者に厳しい視線が投げかけられることも多い。同性愛行為をむち打ち刑の対象にしている地域もある。「ここでみんなと話して、行動を続けていこうという勇気をもらっている」とイクサンさん。草の根の市民活動を続け、いつか政治家になりたいという。

「全ての差別をなくしたい。それは差別されてきた自分だからこそできることだと思います」

たとえ一人では無理でも、「場」があれば仲間を作って前に進んでいける。

その「場」がカフェ。

自分や相手のストーリーを共有して、仲間になる。知恵を分け合い、勇気と元気をもらう。ていねいに淹れられたコーヒーでほっと一息入れて、つらさや苦しみを癒し、また歩いていこうと思う。社会との接点であり、社会を変えていこうという始まりの場でもある。

カフェは民主主義を紡ぐ場なのかもしれない。

初出：朝日新聞　２０１９年12月10日夕刊

（現場へ！）政治と向き合う女性たち：２「仲間をつくり、社会を変える」に大幅加筆

第1章

ポートランド——対話をあきらめない街

NPO「APANO」の元事務局長、チ・ウェンとスタッフのシメオン　©朝日新聞社

キャンバシング（地域の戸別訪問）で担当エリアを回る
ロケットさん一家　©朝日新聞社

DIYが息づく街――まずは自分が動き出す

オレゴン州ポートランドが気になりだしたのは数年前だ。「全米住みやすい街」ランキングの常連だと紹介されて、東京・青山あたりで「ポートランドレストラン」も目にした。緑もカフェも多くてオーガニック、市民の活動も盛んらしい。長く東京・永田町で政治を見てきた私には、この遠い街に、政治の現場があるように思えた。ぎすぎすした世界から少しだけ離れてみたら、何が見えるのだろう。ポートランドに行ってみた。

「ローカル」で買い物魂が爆発

木々の緑がこんもり茂り、足元には市の花である色とりどりのバラ。路面電車が行き交う。歩道にパラソルを置いたレストランでは、夕方5時ごろから人々がワインやビールを手にくつろいでいる。

倉庫街を再生した地域には、れんがづくりの建物が残る。市の中心を南北に走る川沿いには高速道路があったが、大気汚染を止めようと住民運動が起こり、1972年に撤去が決まった。今は公園で、人々が散歩やジョギングを楽しむ。

ダウンタウンには至るところにカフェが。コンクリート打ちっぱなしの無機質な店、木のカウンターがほっこりする店……。温めたミルクを加えたエスプレッソを注文すると、お約束なのかラテアートで出てきた。別の店では、コーヒー豆の焙煎の具合を聞かれた。もちろんフェアトレードで、有機栽培だ。

古くからの街、その名もオールドタウンには、色あせて時を感じさせるバーやストリップ劇場がそこかしこにある。住宅街にも古着屋さんや古本屋さんがひょっこり顔を出す。

スーパーに入れば「ローカル」（地元産品）の表示に、スタッフが「ローカル」と書かれたTシャツを着ている。このあたりはブルワリーとワイナリーが有名で、地ビールや地元ワインが並ぶ。

少し前の市長は、巨大スーパーチェーンのウォルマートがポートランドに出店しようとした時、地元の店に影響があるとして一度は拒否したのだという。その後結局、ウォルマートはやって来たけれど……。

ポートランドがあるオレゴン州には消費税がない。それなのに、バブル末期世代の私の物欲は刺激されない。満ち足りてしまう感じなのだ。

でも、週末に訪れたファーマーズマーケットでは、一転して眠っていたお買い物魂が爆発！　イチゴにラズベリー、ケール、ニンジン……カラフルでみずみずしい野菜や果物が山積み、しかも安い。地元産のルバーブやナシで造ったリキュール、ピーナツバターならぬヒマワリの種やカシューナッツのバター。もちろんすべてオーガニック。我を忘れて買いこんだ。

みなさん議論好き

ここは市民の活動が盛んな街だと聞いた。街を歩くと、貸しスペースの広告に

「NON PROFIT」とあるのを見かけた。

特徴的なのが「Neighborhood Association（ネイバーフッド・アソシエーション）」だ。自治会・町内会に似ていて、政策をめぐって市当局と住民の仲立ちをする。市の支援もある。

1970年代には全米で盛んだったが、その後は活動が衰えた。でも、ここは違うという。市のウェブサイトを見ると、90を超えるネイバーフッド・アソシエーションの分布や、いつ、どこで会議を開くかも見ることができた。

私も会合に足を運んでみた。ダウンタウンの古くからある市街地。中華街があり、ホームレスも多い地域だ。

水曜日の午後6時。大学の一室での会議だ。こわごわのぞくと、どうぞどうぞと招き入れられた。日本から来た記者なんだけど……と言ったが、問題なし。

出席者は十数人。年配者が多い中、30代に見える男性に声をかけてみた。きょうは何で参加を？「この地域に勤めていて、会合があるって聞いたから」。ダニエル・マンデル、37歳だった。不動産会社勤務で、この日が2回目だという。「常連」だけの集まりではなさそうだ。

最初の議題は、ポートランドに新たな路面電車を走らせる活動について。ゲストで来ている人が、路面電車のほうが車より環境にも優しく高齢者にも便利だ、などと説明した。次いで新たに作る観光地図について、どんな情報を盛り込むのか、担当者から議論の紹介があった。

初めて参加するというホームレスのための活動をしている黒人女性がいて、熱く語りだした。気がつくと白人の女性と議論の応酬に。興奮した黒人女性が「かつてポートランドには再開発で黒人を追い出した地域が……」と言い出し、白人女性が「私は差別なんてしてしない」。やや緊張する場面もみられたが、会議後には2人は仲良く語り合っていた。

この日は定例会合だったが、別に小委員会があって、細かい議論はそこでするのだという。メーリングリストに登録したら、すぐ「安全と住みやすさ委員会」や「土地利用委員会」「歴史と文化委員会」から会合の案内が来た。

＊

なぜこうした活動が盛んなのか。会う人ごとに聞いてみた。

一つには街のサイズがほどよいこと。人口約65万。岡山市が約72万、千葉県船橋市が約64万だ。息苦しくなるほど小さくもなく、隣に住むのが誰だかわからないほど大きくもない。適度にゆるく知っている、という人が多くて、ネットワークを作りやすい。

それから緑や自然が豊富なこと。車で1時間もしないところでハイキングやトレッキングを楽しめる。この環境を守るために活動しなくては、となる。

面白いのは市の行政システムで、全米唯一の「コミッショナー」という制度だ。5人のコミッショナーが選挙で選ばれ、1人が市長を兼ねる。各コミッショナーは交通や環境、予算や警察、公園など行政部局の担当が決まっており、その長を兼任する。日本の議院内閣制に近いイメージだ。

この制度について、ポートランド州立大学教授の西芝雅美は「市長への権限集中を防ぐ仕組みだ」と解説する。「市民が政治を身近に感じられて、政治の責任もわかりやすい」

市議会では、市長を含むコミッショナーに対し、市民が質問できる。要望に合わせて夜間に行われることもある。市の条例で、政策を作る際には必ず住民の声を取り入れることが定められている。

みなさん議論好きですね、と政策課題について市民で考える活動をしているNPO「ヘルシー・デモクラシー」のロビン・ティーター（59）に尋ねると、「そういえば、そうですね」と返ってきた。「日頃から政治や地域の政策のことについてよく話すし、話すのをやめないですね」

コミッショナー制度も、存続をめぐってこれまで8回、住民投票にかけられたという。8回も！　最近も、あるNPOが見直しの提言を出した。議論することに、徹底的にこだわるのだ。

この街は対話をあきらめない。国際交流を行うNPO「ワールド・オレゴン」では、さまざまな識者を呼び講演会を行っているが、この5月にあった「過激主義に勝つ」をテーマにしたイベントでのこと。イベントに反対する人たちが会場の外で声を上げていた。代表のデリック・オルセンは外に出て声をかけた。「チケットを買って中に入り、質問しませんか」。反対者は従ったという。「対話の機会は大事だから。ポートランドではよくあるというか、気質みたいなもの」

トランプの時代、ハートを失う？

ポートランドでは人々はいい意味で「こだわり」を持ち、「きれいごと」をばかにしないように見える。

コーヒー豆の焙煎法や輸入元にこだわるように、何についてもああだこうだと議論する。手間も時間もかかるけれど、それこそが民主主義かもしれない、と思えてきた。「きれいごと」にみえて、気恥ずかしくなってしまう時もあるけれど、ここの人々は真剣で本気だ。

なぜ、この街はそうなのか。

アーティストの立場で話してくれたのが、「過去50年で最も影響力のあるアートディレクター」の10人に選ばれたこともあるクリエーティブディレクターのジョン・C・ジェイだ。ポートランドに拠点を置き、2015年からファーストリテイリングのグローバルクリエイティブ統括を務める。「この街には『Do It Yourself』、自分でやろうというDIY精神が息づいている」という。「自然が豊富でニューヨークなどの大都市からも距離があり、いい意味で孤立している。デザイナーが多い街で、独立の思考と志向が強い」。何事も人に任せるのではなく、手間暇かけて自分の頭と手を使って、ということだ。

＊

この街にも「黒歴史」はある。ポートランドやオレゴン州は、かつては人種差別がひどい地域として知られていた。オレゴン州の憲法には、奴隷以外の黒人が州内に住むのを禁止する条文が、奴隷解放後も残っていた。「ニグロ」といった文言が憲法から最終的に削除されたのはごく最近、2002年だ。ネイバーフッド・アソシエーションの会合で黒人女性が発言したように、病院拡張のため、黒人が多く住む地域で住民を追い出してコミュニティーを壊した例もある。

社会関係資本（ソーシャルキャピタル）の提唱者で、コミュニティー研究で知られるハーバード大学教授ロバート・パットナムは共著「BETTER TOGETHER」でポートランドについて考察し、市民の活動が盛んな理由について、シアトルなどに比べて都市の発達がゆっくりだったため管理しやすかったことに加え、人種的に同質性が高かったことに言及している。

同質性。ポートランドが同質性ゆえに「住みやすい街」だとするならば、やはり同質性が高いように見える日本も理想郷なのか、とも考えてみる。いや、日本とも違う。なぜここはこだわりの街なのだろう。

16年の大統領選でトランプが勝った前後から、米国の「分断」がしばしば指摘されるようになった。辛抱強い対話なんてやってられるか、という雰囲気だ。ポートランドはどうなのか。

オレゴン州は歴史的に民主党が強く、16年の大統領選でも民主党のクリントンが勝った。しかし、それはポートランドなど都市部の話で、地方は違う。州内の市や町の数でいうとトランプが勝った地域の方が多い。「山一つ越えると共和党」ということもあるのだ。

アジア太平洋地域出身の人々を支援するNPO「APANO」事務局長のチ・ウェン(37)は、もともとベトナム難民で家族とともに米国に来たが、父親(62)は熱烈なトランプ支持者だ。トランプ寄りとされるFOXニュースをよく見ているというチの父親は「制度にただ乗りする人たちがいる。(そんな人への反発から)来年も絶対にトランプが勝つ」と言うが、チは「事実を知らないし、知ろうともしない」と思う。

チの父親は、難民として苦労しながらパン職人として地道に働いてきたという。

そうした経験が、移民に対する厳しい視線につながっているのだろうか。不法移民が、まじめに働く人々の仕事を奪っているというように。

会う人ごとに「トランプの時代になり、ポートランドに変化を感じますか？」と聞いてみた。NPO「オレゴン・フード・バンク」最高経営責任者（CEO）のスザンナ・モルガン（49）は答えた。「有色人種の友人は、トランプは人種差別主義者にこれまで自分の中に抑えていたものを堂々と言っていいという『許可』を与えた、と言った。私もそう思う」

17年5月、ポートランド市内の路面電車で、イスラム教徒の女性と黒人女性の2人が白人の男に暴言を浴びせられ、とめようとした男性3人が刺される事件が起きた。3人のうち2人は死亡し、1人が重傷を負った。女性2人はともに10代だった。地元紙によると、逮捕された男は30代で、「白人至上主義者」として知られていたという。開放的で進歩的とされるポートランドで起きた深刻なヘイトクライムだった。

それには比べるべくもないが、私もちょっとした体験をした。ネイバーフッド・アソシエーションの会合の後、リーダーの中国系米国人、ヘレン・イン（62）と話しながら街を歩いていた時のことだ。10代後半くらいか、腕にタトゥーを入れた男性3人が何かを言いながら通り過ぎた。私は気づかなかったが、しばらくして話題が人種差別になると、彼女が「さっき気がついた？　通り過ぎた若い男性3人が、人種差別というほどでもないけど、ステレオタイプ的なことを言っていた」。彼女はそれ以上説明しようとしなかったが、「ポートランドは最近、人種差別がまた目立つようになった」

＊

この街では、公共施設からケーキ屋さんまで、あちこちで「ALL RACES」（すべての人種）といった表示を目にするが、それは差別が厳然と存在する証しかもしれない。前出のチは「この地域の人種差別は本当に深いところに根づいている」という。「アジア系の友人は『故郷に帰れ』と知らない人から言われたことがある」

深いところに根づいている差別。白人社会という「同質性」の記憶の残滓なのか。誠実に負の歴史と向き合って、取り組もうとしている人たちはいる。けれども、むき出しの偏見や差別を隠そうとしない人たちも出てきた。過去の差別を改めて自覚せざるを得なくなったから、この街の人々は自分たちに言い聞かせるように「ALL

RACES」を掲げ続けているようにも思える。

前出のパットナムの本が出たのは2003年、それからのポートランドは急激に多様化が進んだ。「住みやすい街」として有名になったこの街には、新住民が流入した。大手運送会社ユナイテッド・バン・ラインズの調べでは、18年の人口流入率はオレゴン州が全米2位だった（1位はバーモント州）。

地価も急上昇し、ホームレスも増えている。NPO「トランジションプロジェクト」によれば、11～15年にホームレスの数は減ったが、それ以降17年にかけては10％ほど上昇して約4200人になった。

ネイバーフッド・アソシエーションの活動も影響を受ける。かつて市の南東地区の役員を務めたリンダ・ネットコベン（72）は「会合に出てくるのはごくわずか。会報を配っているけど、新しいアパートはセキュリティーが厳しくてポストにも入れられない」。別の地区のリーダーだったランディ・ボネラ（59）は「活動方針をめぐり、新旧住民の対立もある」という。ランディはいま別の活動に軸足をおく。

2人とも、それでもネイバーフッド・アソシエーションは重要だと強調するが、前出のチは言う。「ポートランドはハートを失ってしまうかもしれない」

多様性の先に

この街は「こだわり」や「きれいごと」をだんだんと手放していってしまうのだろうか。他の地域のように分断が進み、手間と時間がかかる民主主義は衰えていくのだろうか。

ブライアン・アルブリット（46）に会った。最先端のIT企業で高収入を得ていたが、2年前にNPOの事務局長に転身した。光熱費が払えなくなった人のために、1カ月だけ支払いを代行する。アパートを追い出されるのを免れ、救われる人が多いのだという。

「収入は減りました。今は妻も働いているし」。でも、と続けた。「前は楽しくなかった。今は欠落したものを取り戻したというか、充足感があって夜もぐっすり眠れる」

多様性というのはこういうことかもしれない。「こだわり」と「きれいごと」を新たに求める人が次々に現れるのだ。

ポートランドとその近郊では、有色人種を中心に高校中退や留年が多く、普通に卒業する生徒は8割に満たないという。地域ぐるみで救うNPO「オールハンズ・

レイズド」のCEOだったダン・ライアン（57）と話していた時のことだ。それって、ポリティカル・コレクトネス（政治的正しさ）を実現する活動ですよね？　そう尋ねると、ダンは一瞬間を置いて私の顔を見た。「私たちは正直で、率直でわかりやすくいたいだけです」。なんだか自分が濁った存在のような気がしてきた。

＊

政治記者として、私は日本で長年、永田町を観察してきた。その一方で、政治というのは永田町や霞が関だけではなく、もっと幅広い人がいろんな形でかかわるものではないかと常々感じていた。

ポートランドを歩くと、こじゃれたブティックに、人権問題を考えるイベントの看板があった。ここが会場らしい。素敵な住宅街では、壁に「STOP TRUMP」とペイントした家を見かけた。外観とマッチするモスグリーンと白で。日常と政治が隣り合い、人々は楽しく政治とかかわっている、と思えた。

民主主義はやっかいだけど、時間をかけてこだわって、ていねいに、がまんしつつも面白く。おいしいコーヒーを味わうために、豆の栽培や輸入法、焙煎や淹れ方にも気を配り、時間をかけるように。でもその行為自体が喜びでもあるだろう。果実を得るためには、わずらわしいプロセス自体を楽しまなければ続かない。
「こだわり」や「きれいごと」を実現するのに一役かったように見えるポートランドの同質性は、多様性に変わりつつある。異なる個性がぶつかれば、民主主義は深化するかもしれないが、余計に手間暇がかかるし、摩擦もあるだろう。多様であることは、ポートランドの社会にどんな影響を与えるのだろうか。

初出：朝日新聞GLOBE　2019年7月7日
「こだわり」と「きれいごと」のポートランド

シリコンフォレスト

ポートランドやオレゴン州の経済基盤は何なのか。もとは豊富な自然を利用した林業や農業が盛んだったが、水資源が豊富なこともあり、1980年代から半導体などのハイテク産業が続々と進出した。ポートランド近郊にはインテルが拠点を構え、「シリコンフォレスト」と呼ばれている。

また、スポーツ産業も盛んだ。ナイキやコロンビア、アンダーアーマーやアディダスが本社や北米本社、開発拠点などをこのあたりに置く。

米誌フォーブスは2017年、ビジネスに最適の都市としてポートランドを全米1位にランクした。さまざまな経済指標だけでなく、生活の質や教育、労働力などを加味した結果としている。

米国勢調査局の調べでは、全米で人口が多い25都市圏で見ると、17年のポートランド1世帯あたり年収の中央値は7万1931ドルで、ニューヨークに次いで10位。ロサンゼルス（11位）やシカゴ（13位）より高い。1位はサンフランシスコの10万1714ドルで、2位はワシントンDCの9万9669ドルだった。

街づくりを楽しむポートランドの人々

ポートランドは住民自治やまちづくりの活動が非常に活発な街だ。日本の自治会町内会にあたるネイバーフッドアソシエーションに多くの人が参加し、市も、政策を決める際には住民の声を取り入れることを条例で定めている。むやみに都市開発をするのではなくて、住民参加のうえで進めていく。人々は議論をするのが大好きで、NPOなどの活動もさかんだ。

そのポートランドのまちづくりに着目し、日本も参考にできるのではないかと、ポートランド州立大学行政学部長の西芝雅美教授は2004年から、「まちづくり人材育成プログラム」を行っている。もともとは東京のシンクタンクに声をかけられての共催で、自治体職員が対象だった。2017年からは州立大の独自プログラムとなり、誰でも参加できるようになっている。17年以降は毎年20数人が参加。自治体職員や議員、会社員、変わったところでは高校生も参加するという。2020年は初めてオンラインでの開催となった。

通常のリアルでの一週間のプログラムでは、現場視察に重点を置く。市内の各地を訪れて、住民に直接インタビュー。住民参加で都市開発を行ったモデル地区を視察し、市民活動家とも意見交換。ボランティア活動やNPOも訪問。ビジネス関係者とも行政職員とも議論をし、枠を超えてまちづくりに協力し合い、住みよい街をめざす全体像と具体的な手法、ノウハウについて学ぶ。

まちづくりの根本となる哲学や、合意形成のためのコミュニケーションの方法なども盛り込まれている。

「これによって、日本の現場でも応用できるまちづくりの概念とやり方を学びます」と西芝教授は言う。

「ポートランドは住民が主体的に自分たちの住みたいまちを追求・主張している。葛藤はありながらも行政が住民の声に応えながらまちづくりを進めていくのが特徴です。日本と行政の仕組みは違っても、形式や立場にとらわれず、とことん、『自分たちのまちをどのようにしたいか』を対話する姿勢も学べるのではないでしょうか」

夜には「ビアストーミング」と称して、ポートランド名物のビールを片手にリラックスしながらさまざまなトピックについて議論を行う。

そう、ポートランドはこだわりの街。そのこだわりをまちづくりにどう生かしているかを学ぶのが、このプログラムといえよう。

このプログラムに参加して、その後の人生ががらっと変わった人がいる。高澤千絵さんだ。

高澤さんは東京でマーケティングなどの仕事をしながら2015年から立教大学

の大学院に社会人入学。その大学院でプログラムのことを知り、地域やまちづくりに少し関心があったため、2018年に夏休みがてら参加してみた。といっても、何か具体的な興味があったわけではない。ただ、石川県の志賀町に自分の母の実家が空き家となっていて、今は町内に住む叔父が管理をしているものの、そのうちどうなるのだろう、古い旧家だが立派でしっかりとしたつくりで、人が集まったり、学んだりする拠点に使えたらいいのに……、と漠然と思っていた。

ずっと民間企業で仕事をしていたため、プログラムの中身は非常に新鮮だったという。「自分たちのまちに誇りや責任感があって。普段の仕事では効率や合理性を追求しますが、時間や手間がかかっても、いい地域にしようという熱意や情熱がすごかった。行政と住民の間で合意形成をする人の話などを聞いて、こういう仕事もあるのだと勉強になりました」

夜のビアストーミングの時に、自分のやりたいことの話になり、高澤さんは思い切って志賀町の家の話をしてみた。「日本だったら、そういうことは口に出来ないと思うんですが、ポートランドでは、チャレンジや失敗にこそ価値がある、ということを多くの人が話していたので、私も話してみたんです」。すると、その場のみんなが「すごくいいじゃないか」と賛同してくれ、「小さいことを始めることにこそ価値がある。ぜひやってみたら」と後押ししてくれたのだという。「みんな本気でそう言ってくれているのが感じられて。私の中でマインドセットが変わりました」

帰国した高澤さんは、秋になって、たまたま知った能登の移住フェアに行ってみた。すると、まさに志賀町の地域おこし協力隊が観光のスペシャリストを募集していた。「マーケティングのスキルが活かせるかもしれない」と、高澤さんの中でむくむくと何かがわきおこってきた。その後とんとん拍子に話が進み、2019年の3月から志賀町に移住して地域おこし協力隊員として活動、さらには志賀町観光協会の事務局長に就任して活躍している。

まさにプログラムへの参加がきっかけとなって、仕事も住まいも人生も変わったわけだ。「プログラムに参加しなかったら、こんなことになっていなかったと思います。ポートランドのまちづくりにかかわっている人たちが本当に生き生きとしていて、いいなあと思っていたら背中を押してもらえた。東京の忙しい日々は充実していたけれど、本当にやりたいことがこれなのか、あきらめのような気持ちもありました。今はとても楽しいです」

ほかにも、日本で再開発の仕事に携わり、住民説明会の運営で悩んでいた参加者が、プログラムの中で説明会の手法を学び、日本に帰って実践した例もある。それまでは怒号や反対意見が飛び交うことも多かったのが、建設的な意見が出てくる会に変えることができたのだという。こういったノウハウやスキルももちろん、ポートランドの空気にふれて人々と言葉を交わし、過ごすことで、高澤さんの言うように心や気持ちといったエモーショナルな部分で学んだり発見したりする。その両方がここでは得られるのだろう。

初出：朝日新聞GLOBE+　2019年7月31日
「全米一住みたい街」ポートランドには何がある　街づくりの秘訣を日本にも

NPO大国・アメリカ——ポートランドのNPO「APANO」での2週間

「ここが私たちのコミュニティセンター。いろんなイベントを開いているんだけど、人気で予約でいっぱい」。米国西海岸、ポートランドのＮＰＯ「ＡＰＡＮＯ」の事務局長、チ・ウェンは誇らしげだ。

１５０人は入れるという小ぎれいなスペースに、キッチンもついている。隣にはＡＰＡＮＯのオフィスがあり、上階には彼らが管理するアパートがある。ＡＰＡＮＯは、「Asian Pacific American Network of Oregon」の略で、その名の通り、アジアや太平洋の島々出身の米国人を支援している。

米国は「ＮＰＯ大国」といわれる。

そもそも、ＮＰＯという言葉自体アメリカで生まれたものだ。日本では、まだまだＮＰＯは無償のボランティアというイメージを持った人も多いが、米国のＮＰＯで人々は専門性を持ったプロとして働き、生活していくのに十分な報酬も得ている。

少し古いデータだが、２０１３年のシンクタンクのアーバン・インスティテュートの調査によれば、同年に内国歳入庁（日本の国税庁にあたる）に登録したＮＰＯは計約１４１万団体ある。もっとも、米国のＮＰＯには大学や病院も含まれる。日本でのＮＰＯに近い「パブリック・チャリティー」はこのうち95万団体以上あり、寄付した人は税控除を受けられる。

そんな米国のNPOをじっくり腰を据えて取材したいとずっと思っていた。特に、私は政治取材が長いこともあり、政策提言に関わるNPOに関心があった。といっても政策提言のみではなくて、何らかの活動現場を持ち（たとえば、まちづくりや教育など）、そのうえで政策提言をしているような団体を取材できないかと思っていた。現場での実践的な活動が政策提言に生かされて、説得力のあるものになるように思えたからだ。

ようやくその機会を得ることができたのが「APANO」だった。2019年の10月から11月にかけて2週間、毎日通ってはスタッフに話を聞き、活動現場を見せてもらった。地域やまちづくりの活動から、地方議会や自治体に政策提言なども行う。30人ほどのスタッフが働いている。

どんな人たちがどんな思いで働いていて、何をしているのか。とりわけ、政策提言や政治にかかわる部分はどんな活動をしているのか。

ポートランドといえば都市計画に基づいて整備された美しい街並みで有名だが、APANOの事務所はそういったダウンタウンの中心部から車で10分以上かかり、かなり郊外色の強いところにある。ダウンタウンの周辺には素敵なカフェがところどころにあるような住宅街も多いのだが、そういったところとも違い、日本でいえば郊外の国道沿い、中古車ディーラーやファミレスが点在しているようなイメージだ。率直に言ってかなり殺風景だ。

APANOがある地区は「ジェイド・ディストリクト」（ジェイド＝翡翠）と呼ばれ、アジア系を中心に移民が多く住んでいる。ダウンタウンにも中華街はあるが、あまりに地価が高くなってしまったため、移民の人々がどんどん郊外地域に移るようになった。

APANOでは実に多様なルーツを持つ人たちが働いている。支援先であるアジア太平洋にルーツを持つ人たちが多いのだが、一口にアジア太平洋、といってもいろいろなバリエーションがある。スタッフに会うだけでAPANOのような活動がなぜ必要なのかを感じることができる。

たとえば、コミュニティ・ディベロップメント・ディレクターを務めるトッド・ストルーブルだ。

トッドは日系4世。母方の曽祖父が日本からの移民だ。カリフォルニア出身で、日本語を話すことはできない。ただ、彼の生き方には、移民のルーツが大きく影響している。日系2世だった母方の祖母は農民として一生懸命働き、トッドのこともかわいがってくれたが、亡くなるまで、「私は二級市民（セカンドクラス・シチズン）だと感じている」と言っていたのだという。

トッドはまだ幼かったが、この記憶は鮮烈だ。

「世界一の豊かな国で、なぜこんな思いをする人たちがいるのか。こういう人たちを二度と出さないようにしたい」

そこで弁護士となり、主に移民問題を専門にし、ボランティアとして経済的に恵まれない人たちの相談に乗るなどしていた。だが、「目の前の人々を救うだけでなく、その根底にある問題を解決したい」と思い、APANOに加わった。

手頃な価格で住める賃貸住宅の運営や自治体へのバスを大型化し、路線を増やす政策提言などを担当しているが、とてもやりがいがあり、手応えを感じているのだという。

APANOに2週間通ってみて実感したのが、「生活や暮らしのすべてが政治と結びついている」ということだ。

私はふだん日本で政治担当の記者として「政治は国会や日米関係だけじゃない、私たちの日常こそが政治と関係ある」と感じてきたが、このAPANOの活動こそ、その実践だと思えた。APANOのスタッフたちは人々の日々の暮らしに密着した支援を、「政治と直結している」ことを自覚しながら行っている。

たとえば、コミュニティセンターの運営だ。APANOは2箇所のコミュニティセンターを持ち、ズンバや卓球といったスポーツプログラムからアート関係の催し、各種NPOの研修、会議までさまざまなイベントを運営している。私がいる間にも、NPOの会議やパーティーなどが開かれ、日々賑わっていた。

単なるイベントか……と思ってしまいそうだが、日々センターの様子を見、担当者から話を聞いて、「場の可能性」や「イベントや催しが人々に政治的な自覚をもたらして、力をつけていく」ことに気がついた。

担当者はベー・オジェン。ベーの母は中国出身、父はスイス出身だ。家では母とは中国語で、父とはフランス語交じりの英語で会話していたそうだ。生まれてから10年NYで育った。

「ヨーロッパやロシアの友達がいっぱいいいた」。それからサンフランシスコに移る。

「一番の親友は日本人のハーフだった。私は本当に国際的でさまざまな言語のなかで、多様性のど真ん中で育ってきた」

ベーは大学と大学院でアートを専攻し、美術館などでイベントディレクターの仕事をしてきて、2019年にAPANOが2カ所目のコミュニティセンターをオープンさせるのに合わせてスタッフに加わった。「アートとサイエンスと政治の境界をまたぐことを、イベントを通じて実現したい」という。

「アートは人の心の奥底に届いて、人々を動かす。政治的な力も持っていると思う。私はこれまでの仕事でさまざまなネットワークも持っているから、それを生かしてここで縦割りを超えた地域の核となる場を作りたいと思っています。人々が集まってつながり、話すことでいろんなことを知り、社会とかかわり、さらには変えていこうとする思いや力を得る。たとえば、オーガニックなレストランの料理をケータリングして、美味しい料理を食べながら、生産地や環境について考える。地元のクラフトビールをのみながら、地域密着の素晴らしさを知ることもできる。それこそが政治の始まりだと思うし、こういう場の持つ力だと思う」

「アート」は、APANOの活動のもう一つの特徴でもある。コミュニティセンターもそうだが、そのほかにもさまざまなアートのイベントを開催して、まちづくりに役立てている。APANOのオフィスにも、さまざまなイラストが飾ってあった。スタッフやイベントに来た人たちの似顔絵、差別される人々の苦悩を描いたものなど……。

キャンディス・キタはアート活動のディレクターだ。ちなみに彼女も日系4世なのだという。

キャンディスは、APANOのアート活動を「アートで社会正義を実現する役割を果たすこと」と表現する。

「私はアートが好きで、ずっとアートにまつわる仕事をしてきたけど、アートにこんな可能性があるというのはここで気づいた。アートはよりよい未来に向けて人々の可能性やビジョンを開拓できる。人々の感情的なつながりを作り、共感を広げる」。

毎年秋に大がかりなアートフェスティバルを催し、2019年には600人が集まったという。そのほかにも、詩の朗読会や絵のワークショップ、自分や家族のルーツについて物語をつづる本を作るなど多くのイベントを行っている。

「そういったイベントに参加して、何か作品を作るとみんな自信がついて、積極的に声をあげたり社会にかかわっていこうとしたりするようになる」とキャンディスは強調する。

「多くの人にとって政治は遠いことが多いけど、アートによって政治が近くなり、政治のことを考えるようになる。なぜならアートで自分や社会のことについて考えるきっかけになるから」という。

日本ではアートは政治的に中立であることを求められることも多いが、彼女の話を聞いているとアートと社会や政治を切り離して考えようとすること自体、無理があるように思えてくる。

政治は制度や政策ばかりではない。人々の感情、思いを動かしてこそ社会は変わっていく。それゆえ危うい面ももちろんあるが、しかし、政治は人の営みなのだから、そこを自覚して活動するのは大事なことだろう。事務局長のチは「APANOはコミュニティセンターとアートの活動を非常に大切にしている。それは普通の人々との接点であり、私たちの支援の原点ともなるものだから」という。

APANOは若者支援にも力を入れている。私の滞在中にも、太平洋の島々出身の高校生が集まって、自分たちの実現したい未来について話し合い、それを絵で表現していた。

若者のプロジェクトに取り組むシメオン・ジェイコブは父がミクロネシア、母がベトナム出身だ。家庭の問題で不登校になってしまう生徒を支援したり、イベントを通じて若者にアドバイスをしたりしている。「いってみれば、若者に自信をつけさせる役割かな」

ここでは若いスタッフが生き生きと働き、後の世代にバトンをつないでいる。

初出：朝日新聞GLOBE＋　2020年3月17日
なぜアメリカはNPO大国なのか　内側から観察して見えたこと

住民の声を聞き、政府につなぐ——とにかくアクティブなアメリカのNPO

APANOは「まちづくり」（community building）に取り組む。まちづくり、とは抽象的な言葉でとても幅広い。何をしているのだろう。

APANOは移民が多く住む「ジェイド・ディストリクト」に本拠地を構えている。

APANOの「ジェイド・ディストリクト・マネジャー」が、リン・ドーン。リンはベトナム出身で、8歳の時に難民として家族と共にアメリカにやってきた。テキサス州ヒューストンで育ち、結婚後しばらくベトナムに戻った後、再び米国へ。友人がいたポートランドに10年ほど前にやってきた。

父母が地域のベトナム人コミュニティで積極的に活動していたこともあり、ポートランドに来た当初からAPANOにボランティアとして参加していた。スタッフになったのはこの2年ほどだ。

「この地域の移民の多くは、自分たちで何か小さなビジネスをしている。ビジネスがうまく回るように彼らの相談にのって、家族はきちんと暮らしているか、学校には行けているか、日々のやりくりで何か困りごとはないか聞いてまわったりしています」

小さなビジネスとは、要は小さな商店やレストランのようなイメージだ。小商いや定食屋さん、というと感じがつかめるだろうか。

そのために、週に一回は地域を細かく回って住民たちと話をしている。

実際、リンは実によく地域のことを知っている。「あの中古車ディーラーは××出身で、大学で何を専攻して、米国にやってきたのはいつで、それはこういう理由で、趣味は……」のように。日々の世間話から聞く困りごとを市をはじめとする自治体に政策提言をして、歩道や駐車場の整備につながったこともあるのだという。街の困りごとの営業ウーマンのようだ。

リンが親しくしている住民の一人がキャシーだ。

中国出身の移民で、カリフォルニア州に父母と娘2人を置いてポートランドでひとり魚屋を開き、仕送りをしている。カリフォルニアは商売をするにはあまりに競争が激しいからだという。

「彼女は中国の小さな村出身で、教育もそう受けているわけじゃない。でも家族のために週6日、朝から晩まで働きづめ。苦労の連続だったと思う」とリン。

リンと一緒にキャシーの店を訪れた。店頭の看板には英語と中国語、スペイン語で店の名前が書かれている。「できるだけ多くのお客さんに来てもらいたいと思って」とキャシー（彼女はスペイン語は話せないし、英語もあまり上手ではない）。

ポートランドは治安が良い街だが、それでも彼女の店の窓には銃弾の跡（！）が残り、店のドアを壊されたこともあるという。「悪いことをする人たちがいるんです」

店内は魚に加えてスナック、お菓子なども置いてある。近所の小学生が学校を終えて「こんにちは」と駄菓子を買いにやってきた。キャッシャーの裏には、娘さんたちと思われる写真が貼ってあった。

キャシーは言葉少なに「リンは本当に優しい。彼女にはすべてにお世話になって」と語るのみだったが、2人の様子からは強い信頼関係で結ばれているのだと伝わってきた。

地元の人たちとの接点といえば、ボランティア活動もある。APANOではボランティアと共に、地域の清掃活動などをしている。地道な活動だが、人々が交流し、社会とかかわる接点になる。担当者のメイウィー・ユアンは両親が中国・広州から米国に移住し、ポートランドの隣のセーラムで生まれ育った。大学を卒業して間もない。

「父母がなぜ米国に渡ったのか、全部を話してくれるわけじゃない。父は文化大革命で下放されたみたい。言えるのは、彼らは本当に苦労して私を養ってくれたということ。彼らが米国にやってきた時、ほとんど英語を話せなかった。私の父母だけじゃなく、アメリカに移住してきた第一世代は自分を犠牲にして私たちのような第二世代を育ててくれたと思う」

ワナ・リーも広州出身だ。父母の「アメリカに移住しろ」という強い意向でポートランドに留学し、そのままこちらで結婚して住み着いた。ジェイド地区に住んでいたが、彼女のような中国系移民がポートランドで急増したのに伴い、APANOが広東語を話せるスタッフを募集して彼女に決まった。

中国系移民で子どもを地域の学校に通わせている親たちと交流して、信頼関係を築き、意見交換の会を持っている。今ではSNSで220人の親たちのグループを作り、週に一度ミーティングを開いて要望や困りごとを聞いている。親たちには英語を上手に話せない人や、米国の教育システムをよく知らない人たちも多いからだ。

といっても、信頼関係はそう簡単に築けるわけではない。「最初は何をしたいんだと警戒されて大変でした」とワナは言う。「一人一人に会って話しかけ、ていねいに説明して、何に困っているのかみんなで話し合って声をあげることが大事なんだと話しました。私自身が移民で子どもを育てて学校に通わせているということで、信頼を得られた分も大きいです」

実際、そこで話しあったことで語学教育の仕方が変わったこともあるのだという。

ＡＰＡＮＯは自治体に各種の政策提言をして、官僚や政治家にも働きかけている。そうした政策提言は、リンやメイウィー、ワナのように現場で地をはうように一人一人の住民と会って困りごとを聞くところから始まっていると思える。

たとえば、大樹が根をはって地から養分を吸い上げ、空高い樹上で花開き緑が茂るように。現場の声を制度やシステムの変革につなげているようにみえる。

ＡＰＡＮＯが運営するアパートもそうだ。

「affordable house」、手頃な価格での住まい、とでも訳すのがいいだろうか。ポートランドは地価がどんどん高騰している。そこで、経済的に豊かでない人たちが多い移民でも住めるような住宅を供給することは、リンやワナが接する人たちからも切実な声としてあがっていた。

「あるとき幹線道路の交差点に面する一等地の家具店の土地が売りに出されていることを知って、これは住宅に利用するしかないと地元自治体に購入をはたらきかけたんだ」とＡＰＡＮＯの事務局次長、ダンカン・ファン。「こんな一等地はなかなか出てこないからね」。その結果、自治体政府は購入を決定。まちづくりに使うこととなり、案を募った。ＡＰＡＮＯはパートナーの団体と共に住宅とコミュニティセンターを作ることを提案し、その提案が通ったのだった。

アパートは昨年完成、４階建ての建物に48世帯が暮らす。一階はＡＰＡＮＯの本部とコミュニティセンターだ。家賃は収入によって違うが、周辺の相場に比べて安く抑えられている。入居者募集に応募するために、広東語やベトナム語での書類の書き方のワークショップも開かれた。「４００以上の世帯から応募があった。10倍近かったわけで、住まいのニーズは本当に高いと改めて痛感した」とダンカン。

ＡＰＡＮＯはアパートの管理運営の経験があるわけではないので、そのノウハウを持つ団体とパートナーを組んでいる。このように、得意不得意の分野を補い合ってパートナーシップを組むのも米国のＮＰＯの特徴だといえよう。

手頃な価格でのアパートのニーズは高く、ＡＰＡＮＯは近郊の他の自治体にもはたらきかけ、自治体のまちづくりのための予算がついた。その予算で新たな賃貸アパートのための調査を加速させる。

これらの活動を支えるのが、資金集め、ファンドレイズだ。米国は寄付がさかんな社会……といっても、寄付してもらうには地道な営業活動が鍵を握る。その担当者、ハバニ・フィフィタは2019年に大学を卒業したばかり。カリフォルニアで育ち、オレゴンの大学に通った。「カリフォルニアはいろんな人種がいたけれど、ここではそうでもなくて……私の祖父はトンガから移民してきたんだけど、トンガ、っていってもわかってもらえないことも多かった」。自分のルーツを強く意識するようになり、社会正義を実現できる仕事をしたいとここを選んだ。ファンドレイズの仕事ではどんなことを?

「いろんなイベントに行ったりして、知り合いを作り、信頼関係を築いて、寄付してもらう。どこ出身? ああ、そこの高校卒なら誰それを知ってる? みたいなところから話を広げ、つながりをつくっていく。自分は社交的じゃないと思っていたのに、仕事だと別人格になったみたい(笑)」

大学を卒業して一年もたっていないというハバニ、。日々新しいことへの挑戦を楽しんでいるようにみえた。

住民の声を聞き、政府につなぐ　アメリカのNPO、こんなにアクティブ

初出：朝日新聞GLOBE+　2020年3月18日

現場に根差した政策提言――地域の戸別訪問から見えた「しなやかな社会」

APANOは政策提言や政治的な活動にも力をいれている。これはアメリカのNPOの特徴でもある。

一言に政治的な活動、といっても非常に多岐にわたる。「こんな政策をしてはどうか」「こういう法律を作ってほしい」という政治家や自治体、連邦政府への政策提言から、選挙において特定の政治家を支持したり、支援したりするようなことまで様々だ。

そのために、APANOは米国の税法である内国歳入法の規定に合わせて2つの組織を作っている。

寄付控除を広く受けられるが、政治的活動が制限される団体（501条C3）と、

議会や政治家へのはたらきかけなどより政治的な活動ができる団体（501条C4）の2つだ。

たとえば、米国では議会にはたらきかけを行うには法律で定められた「ロビイスト」の登録をしなければならない。APANOのチ・ウェン事務局長はロビイストとして登録しており、これはC4団体としての活動にあたる。

ちなみに、日本のNPO法でもNPOとは「政治上の主義を推進し、支持し、またはこれに反対することを主たる目的とするものでないこと」と定められている。政策提言はできるが、特定の政治家の支持や政治信条の推進を活動のメーンにすることはできない。


APANOが他の団体と共に後押ししてきた政策に「スチューデント・サービス・アクト」がある。2019年にオレゴン州議会で可決されたが、これから毎年州内の学生に10億ドル（約1086億円）の「投資」を行うのだという。

APANOはこの政策の起案段階からずっと支援してきたのだが、成立して良かった良かった、これで終わり、ではない。今後の実施にあたっても、たとえばAP

ANOが支援しているような移民の子供たちにもきちんと配分されるのか、チェックや提言を続けていくそうだ。

「日本では多くの人が、政治は自分の生活から遠いものだと思っていて」と、APANOの政治ディレクター、ロビン・イーに言うと「それはここでも同じ」と答えてくれた。

「だからこそ自分たちの活動は、人々になぜ政治が重要で、自分たちの生活にかかわってくるのかを理解するのを助けること。あなたの声が大事なんです、というのを繰り返し地域で話す。逆に、政治家や政策を作る人たちが現場の声を聞くための橋渡しもするんだ」

政治家の支持や支援は、地元の市議から大統領選まで行う。政治家を支持するかどうかを決める時は、政策をチェックし、質問状を送り、対話をしてから最終的に判断するのだという。

移民を受け入れるか、LGBTQにも寛容か、妊娠中絶を認めるか、反人種差別か……など、政策によって支持するかどうかを決める。APANOの影響力は強く、前回の選挙の際、7人の支持を表明、うち5人が当選したのだという。

ＡＰＡＮＯの政治家支持の影響力をうかがわせる出来事があった。

前述の「スチューデント・サービス・アクト」について、地域の高校で説明会が行われていた時のことだ。事務局長のチ・ウェンと共に見学し、帰ろうとしたところ、女性が話しかけてきた。二言三言話して、「ぜひ今度ゆっくり話す時間をもってください」と先方が言って別れたのだが、その女性は地域の学区の教育委員会のメンバーだという。米国では教育委員は選挙で選ばれているが、ＡＰＡＮＯは彼女を支持しなかった。そのことで、ぜひ話し合いたいというのだった。

２０１９年から20年にかけて、ＡＰＡＮＯが政治活動で非常に力を入れていたのが「センサス」、米国で10年に一度行われる国勢調査だ。

２０２０年は「センサス」の年。居住者数を把握し、全米各州の議員数や大統領の選挙人数の算定基礎、そして各種の政策作りの土台ともなる。その国勢調査に、彼らが支援する移民の人たちもきちんと答えましょう、というキャンペーンを大々的に行っている。

「知っての通り、トランプ政権は移民に対して非常に厳しい政策を取っている。だから、調査の結果によってはトランプ政権の政治の武器になりかねない」と、ＡＰ

ANOの政治ディレクター、ロビン。

「移民は調査に正直に答えることで何か不利益を被るのではないかと警戒して答えないこともあるし、そもそも英語がしゃべれない人も多い。彼らがきちんと答えなければ住民としてカウントされず、透明な存在というか、いなくなってしまうことになる。だから彼らに、心配しなくても大丈夫、これは政策を作る目的で使われるんです、ときちんと説明する。政府がもっとも正確なデータを得ることが重要だから、自分たちはそのためのメッセンジャーだと思っている」

「政治は他人がやってくれるのではなく、自分たちのこと」。APANOの政治活動を貫く考えだが、それを実感するイベントが滞在中の週末にあったので参加した。

「キャンバシング（canvassing）」

地域の戸別訪問のことだ。訪問販売などでも使われる用語だが、今回は自然保護政策の是非を問う住民投票に賛成を呼びかけるために行われた。ポートランドを含むマルトノマ郡、ワシントン郡、クラックマス郡が、不動産関連の税から自然保護に振り向ける基金を作ることを検討しているのだという。自然保護のNPO「ネイチャー・フォー・オール」が中心となりこの基金作りを推進、APANOもパートナー団体として賛同しているのだ。

晴れた日曜日の午前、APANO本部に隣接するコミュニティセンターに集まったのは20人弱。まずは簡単な自己紹介と、政策の説明とキャンバシングのやり方について説明を受ける。

「訪問したら、まずは自己紹介をしましょう」「チラシを渡すのはいいですが、説明するときに自分の顔の前に紙をかざすのはダメ。相手に自分の顔が見えるように」「優しく、ソフトにお願いしましょう。ハードに詰め寄るのはよくありません」「目の前でぴしゃっとドアを閉められることもあるかもしれません。それでもくじけないで」

キャンバシング用のアプリ（というものがあるのだと初めて知った）を携帯にダウンロードして、グループそれぞれに45軒が割り当てられた。地図と名簿があり、「強い賛成（strong yes）」から「強い反対（strong no）」まで5段階のスコアをつけていく。片っ端から訪問、ではなくて、これまでの活動からすでに接触して民主党を支持したことがある人たち、つまり投票に賛成の可能性が高いと思われる人たちをターゲットに回っていくのだという。

私は、家族3人で来ていたロケットさん一家と一緒に回らせてもらうことにした。お母さんのリリスさん、お父さんのエリオットさん、娘の中学2年生オパールさんの3人だ。APANOのスタッフの一人と住まいが近所で活動を知り、来たのだという。

「2016年の大統領選で、電話作戦に参加しました。それがとても良い経験で面白かったんです。それで、もっとアクティブなこと、社会をつくるような活動に参加してみたいと思って今日は来ました」とリリスさん。

出発する前にまずは家族で予行演習。

「怖いな、緊張する。留守だといいな」とお父さんのエリオットさん。

「怖いけどワクワクするわ。でも楽しみましょうよ。私たちのコミュニティーだもの」とノリノリのお母さん、リリスさん。そんな父母をオパールさんが見守っている。

APANOの事務所から歩いて10分ほどの地域が割り当てられた場所だ。

まずは1軒目。呼び鈴を押す前に、家族全員で深呼吸。「相手の名前チェックした？　名前で呼びかけないと」とエリオットさん。こちらまでドキドキしてきた。

ブザーを何回か押すが出ない。不在だ。何となくほっとした雰囲気が漂う。

2軒目。在宅だ！　ドアが半分くらい開く。「こんにちは、私たちはロケット一家です。私はリリスといいます。APANOのボランティアで、自然保護の住民投票に賛成してもらいたくて……」「ああ、住民投票ね、知ってるわよ」。一生懸命政策について説明するリリスさん。夫のエリオットさんも後ろから「これは市よりも大きな郡の政策で……」と加勢。5分くらい話して終わった。緊張がかなりほどけたようだ。

3軒目、4軒目、いない。チラシを玄関にはさんで去る。5軒目、いた。出てきた中年の女性に「私たちはAPANOのボランティアで……」というと「APANO、知ってるわ、グレート！」。一気に空気が明るくなり、話が弾む。「私は早めにもう投票したの。もちろん賛成よ。がんばってくださいね」と言われて終了。ロケット一家の表情もゆるみ、笑顔になっている。

これで調子が出てきてペースもつかめてきたようで、次々に回っていく。もちろん、良い反応ばかりではなく「もう反対で投票しました」と言われたことや、アジア系と思われる住民で英語が通じないこともあった。

自転車で通りかかった男性に「こんにちは、良いお天気ですね。どちらに行かれるんですか？」とリリスさんが話しかけると、近所に住む訪問するはずだった人だった。話を聞いてくれて、「わかりました。賛成に投票します」。思わず「やった！」とガッツポーズのリリスさん。

20軒目を過ぎたあたりで、リリスさんが「まだ毎回緊張するけど、もう怖くない」。すっかり慣れたようだ。表情が明るくなった。

家に招き入れ、ソファにみんなで座って話を聞いてくれた高齢の男性もいた。ある家の女性は「賛成しようと思っていたけど、投票日を忘れていた、ありがとう。私はAPANOのサポーターなの、来てくれて感謝します」。逆に「APANOって何？」と聞かれたことも。

結局3時間あまり、45軒まわって「目の前でぴしゃっとドアを閉められた」ことは1回もなかった。賛成の傾向が強いと思われる人たちをターゲットに回っていたからかもしれないが。

どうでした？　とロケットさん一家に聞くと、リリスさんは「またやりたい！これは本当に良い活動。地域の人たちもいい人たちばかりで、電話作戦よりずっと楽しい」。「最初は怖かったけど、だんだん楽しくなっていきました。挑戦するのは勇気がいったけど、天気も良くて気持ちが良かった」とエリオットさん。オパールさんも「楽しかった。またやりたい」。キャンバシングは、地域や社会を文字どおり足と肌で実感する活動だ。

住民投票の結果は……。約22万票対11万票で賛成が多数、可決され、基金は作られることになった。

ＡＰＡＮＯで過ごした2週間はあっという間だったが、日々、地に足のついた「政治は暮らしとつながっている」を実感することができた。そして、米国ではＮＰＯがきちんと職業として認知され、根付いているのだとも。政府とＮＰＯがお互いの強みを生かそうという姿勢ができているのだ。日本でも少しずつそうなってきているが、現場を知りつつ専門性のある政策提言もできるＮＰＯが増えれば、社会ももっと生きやすくなるのではないかなと感じた。もちろんアメリカも問題はいっぱいある。でもそこであきらめない人々、それでも変えようとする人々もたくさんいるのだ。

初出：朝日新聞GLOBE＋　2020年3月19日
政策提言にも強い力　アメリカのNPO、戸別訪問の現場を見た

彼女が、ポートランドのNPO事務局長になった理由

アメリカオレゴン州、ポートランドのNPO、「Asian Pacific American Network of Oregon」、APANOの事務局長だったチ・ウェンは現代アメリカの「多様性」「マイノリティ」を体現しているような存在だ。

8歳の時にベトナムからアメリカに難民として移住。アルバイトや奨学金を得て大学を卒業し、起業家や政治家を経験した後、NPOの事務局長となった。同性婚の「元妻」との間に2人の子どもをつくり、今は離婚してシングルマザーとして働く。いつかまた政治の世界に戻りたいという彼女。その生き方とは？

彼女の名前、チ・ウェンの「チ」とはベトナム語で「エネルギー」の意味。その

名の通り、150センチと小柄な身体であちこちを駆け回り、あふれる明るさとエネルギーと熱を放つ。1982年、ベトナムのホーチミン出身。祖父はベトナム戦争で敗退した南ベトナム側の将軍だった。だから彼女は今でも、ホーチミンを旧名の「サイゴン」と呼ぶ（ホーチミンとは、ベトナム戦争で勝利し、国家元首となったホー・チ・ミンの名から取られている）。祖父はベトナム戦争後に投獄された。祖父の死後、遺言通り彼女の家族はベトナムを脱出する。父母と共にタイを経由して、すでに親類が住んでいた米国のポートランドへたどりついた。

父母は英語教室に通い、軍人だった父はベーカリーのパン焼き職人に、そして仕事をしていなかった母（私も会ったが、非常に雅やかな雰囲気で、高貴な生まれ育ちであろうことを想像させた。ベトナムではミッション系の学校に通い、旧宗主国の言語であるフランス語が話せるのだという）は縫製の仕事をして収入を得た。彼女が通った高校が、その後の人生に大きな影響を与えた。

「私の高校は、ポートランドのなかでももっとも多様で、いろんなルーツの生徒がいたんです。学校のなかでケンカもよくあったし、周囲の治安もよくなくて。高校は大きな通り沿いにあったんだけど、高一の時にギャングが車上から学校に銃撃、友達が銃弾にあたって亡くなって。家で性的虐待を受けている友達もいた。私は、自分に何ができるだろうってっていつも考えていました。そして、先生や親たちと話して、私たちを助けたいなら私たちの話を聞いてと言ったんです」

そうやって、中高の生徒の代表と、市長や警察の代表が定期的に会合を持つようになった。もちろん、彼女自身もその会合に参加するために、生徒会長に立候補した。

「私は生徒会長に親友のケイトと共に立候補して当選、2人で会長になりました。そして月一回、市長たちと、今学校で何が起きていて、大人たちがどうやったら助けられるかという話をしました。それが私の初めての政治的な体験です」

成績も優秀だった彼女だが、勉強と生徒会活動ばかりではない。お小遣いを稼ぐためにアルバイトをしていた。

彼女には「ものを売る」才能と、天性のファッションセンスがあった。

高校一年生、15歳の時にGAPの販売員となる。ある日、シャツにコーヒーをこぼしてしまったという男性がやってきて、彼女は彼のために商品を選んだ。彼女の働きを見ていた彼は言った。「うちに来て働かないか」

そのお客は高級百貨店ノードストロームのセールスマネージャーだったのだ。GAPは時給だったが、ノードストロームの販売は歩合制。つまり売れば売るほど収入が増える。迷わず彼女はそちらを選んだ。なぜ彼は15歳だった彼女に目をつけたのか？

「覚えているのは、彼はとても急いでいたっていうこと。だから私も素早く彼に似合うと思う商品を選んであげた」

センスの良さは「うーん、わからないけど本能かな」。顧客とは会話をし、何を求めているのか、どんな好みなのかを聞いて商品を選んだ。彼女には次々と上顧客がつくようになる。「もちろん、私は彼らが誰だか知らないけれど、テレビで、あ、この人知ってる、私が選んだ服を着てる、えー、知事だったんだ、国会議員だったんだ、みたいなことがよくあった」

課税されるほどに収入を得て、自分の車や電話を手に入れた。

クラブ活動も楽しんだ。チアリーディング部に所属したが、これまたハンパない。もともとダンスは好きで運動神経も優れていた彼女、最終的に全米選抜のメンバーにまでなった。

ところが、そんな彼女にも弱点があった。「化学」だ。高校卒業後、オレゴン州立大学に進み、人を助けたいと医学を志すが、化学が「どうしても、どんなに勉強しても苦手だった。人には努力してもできないことがあるんだとわかった」。医師の道を断念し、ビジネスを勉強することに。

大学卒業後は一年間ノルウェーに留学した。なんでまたノルウェー？

「地球で一番行く理由のないところだったから（笑）」

ノルウェーでの生活もまた、彼女の考え方に大きな影響を与えた。ご存じのように、ノルウェーは税金も高いが社会保障も充実している。税金も社会保障も少ない「小さな政府」を志向する人が多い米国とは対照的だ。

「それまで私は（小さな政府を主張する）共和党支持だったけど、ノルウエーに行って変わった。ノルウェーはコミュニティの活動がとっても活発だった。そして最低でも年収が6万ドルあって、誰もが社会保障を受けられて、健康の心配をしていなかった。それが私にはとても新鮮で、素晴らしく思えたんです」

留学中はせっかくヨーロッパに来たのだからと毎週末のようにあちこちに出かけた。最初はロンドンやパリ、バルセロナなどの有名都市、その後は人に教えてもらった観光地でもない小さな街へ。「たとえば飛行機で隣に座った人に、ここの街は素敵だよ、と教えてもらってそこに行き、そこで出会った人たちに次に行くべきところを教えてもらって」

彼女は人が好きなのだ。ガイドブックには載っていないような小さな街で多くの人と出会い、話をした。「私がたずねた街の人々は、初めて会うアメリカ人が私、という人も多かった。当時はジョージ・W・ブッシュ大統領の時代だったけど、私と話したあとには、アメリカの印象が変わったってよく言われた（笑）。理解し合うには、まず自分のことを話して、一緒にごはんを食べて、相手のことを聞いて……それがとても大事だと思いました」

飽くなき好奇心と、人好き。政治家に向いているのかもしれない。

私が初めてポートランドを訪れて彼女と会った時のことを思い出す。彼女は美しい滝や海岸などいろいろな場所に連れて行ってくれた、その理由がわかった。それは、「私自身がそうやっていろんな人にお世話になったから」

善意の循環……そんな言葉が思い浮かんだ。

あちこち旅して回ったノルウェーから2004年に帰国したチ・ウェン。「あら大変、就職しなくっちゃ、って(笑)。何をしよう? と思って、小さな広告会社で働くことにしました。大学でマーケティングを勉強して、消費者の行動にすごく関心があったから」

最初の会社を9カ月で辞めた後、レンタカー会社に転職する。彼女は社内でカーシェアのプロジェクトを始めて順調だったが、2008年の金融危機で周囲に失業者が続出。彼らをなんとかしなければと起業を考え始める。

そして2010年、カーシェアから着想を得て、彼女は車の清掃と修理のモバイルサービスを始める。いつでも車を清潔に、そして整備された状態に保つため、技術者が車まで来てくれて、駐車場などでサービスをしてくれるのだ。

「友達や家族が解雇されて……ホテルの清掃の仕事をしていた人もいたので。そういう人材が活躍できると思ったんです。トイレを掃除するんじゃなくて、車の清掃は? って。家のフローリングの内装の仕事をしている友達も、人々がリフォームをする余裕がなくなったから一気に仕事が減って、彼にも声をかけて。みんなを救うための起業でもあった」

そのためのモバイルアプリも開発した。会社の名前はオートメディック。「現場に出て車の救急医療をするから」

投資家とのネットワークを築くために大学院に通い、MBAも取得した。が、会社は成長していたのに、投資家に会うと、ビジネスプランや実績を話す以前に会ってもらえないことがあった。「私が若くてアジア系で女性というだけで、会ってくれない。真剣に取り合ってもらえないんです。私がもう2000台の車を管理するようになっていてもね」

彼女は2016年にもう一つの会社を作っている。それはキノコの漢方薬の製造販売だ。彼女の母が非常に珍しいタイプのがんにかかり、身体に負担のかかる化学療法は避けたいとあれこれ調べた結果、ある種のキノコが効くという研究があった。それを入手するために彼女がとった方法は、製品を買うのではなくて、「つくる」ことだった。「その方が安く手に入るから」

オレゴン州にキノコ農家があることがわかると、たずねていって、漢方用のキノコを作ってくれないかと交渉。それから、粉末にしてカプセルに詰める工場のラインを借りて製品化。ウエブを作って通販を始めた。

「母のガンは9カ月で消えて、それから4年以上たつけど、再発もない」といっても、製造販売だなんて、というと彼女は「製品を作る会社は全然楽」といって笑った。

「最初にオートメディックでサービス業をやった時は、事業が成長して人を多く雇うほどに頭痛の種が増えた。それに比べたらプロダクトは楽！　もしまた何かをやるとしたらプロダクトがいいと思ってる」

起業は面白く、苦労はありながらも会社は成長した。「価値をつくり出すことが好き。マーケティングってまさにそういうことでしょ」という彼女のセンスにも起業は合っていた。この二つの起業の間に、人生の大きな変化があった。一つは結婚。もう一つは市議になったことだ。

結婚は2011年。同性婚だった。彼女はバイセクシャルだ。結婚と共にオレゴン州のキングシティという人口2300人あまりの小さな市に移り住んだ。キングシティは高齢者、特に退役軍人が多く住む街だった。「市の税収も限りがあるし、市議もみんな白人の高齢者ばかり。だから私が市議になって、市政に若いエネルギーや創意工夫を吹き込みたいと思った」

こうも思った。

「人生は短い。社会に変化をもたらすには政策を、システムを変えるほうが早いんじゃないか」と。

「私は無駄が嫌いで効率的な事が好きなの。だから、成果をあげるには政治を変えるのが早いんじゃないかと思って」

それまで政治家になろうと思ったことはなかった。「お金を稼いで家族を養いたいと思っていたから」

ただ、価値をつくりだすのが好き、という彼女の志向も政治家に向いているといえるかもしれない。政治家とは自分が描くビジョン、価値を人に示して共感してもらい、それを実現していく仕事だからだ。

そして彼女は2015年に市議に就任する。キングシティは「シティマネージャー」制をとっている。シティマネージャーとは市議会が任命して実質的な市政を担うトップだ。市長はいるが、名誉職的な役割を担う。市議となった彼女は、高齢だったシティマネージャーに引退を促し、30代の若いシティマネージャーを任命するために動いた。「変化をもたらす人、チェンジ・エージェントを雇ったんです。彼は新しいことにいろいろと着手して、市政に活力が生まれた」

まさに異分子だった彼女は、市議会の「おじさま」たちに反発を受けなかったのだろうか？　それには彼女の政治手法が効果的だった。

今の世界を語るキーワードの一つは「分断」だろう。違いを誇張し、相手を理解しようとせず、対話を拒否する。彼女の姿勢、やり方はこれとはまったく逆だ。

「私は絶対に『違い』について話さない」

それは市議時代もそうだった。有権者の多くは白人で、高齢で、男性。まさに違いのてんこ盛りだが……。「彼らは私の祖父と同じ世代だと思った。祖父は軍人だったし、彼らの多くは第二次大戦で従軍経験があった。だから、祖父に接するのと同じように接すれば良いと思ったんです。それに、高齢者は社会で軽視されがちだけど、それは移民や有色人種も同じ。だから私は、弱い立場の人を守りたいんです、と彼らに語りかけた。違いを言うのではなくて、共通点や似ていることについて話したんです」

なぜそうなったのか。「それが私の生き延びる術だったから。私はアメリカに難民としてやってきて、いつでもドアを破らなくちゃいけなかった。私はいつも最初の有色人種で、最初の女性で、……そして最初のＬＧＢＴＱにもなった」

加えて、市議会に子どもを連れて行った最初の市議になった。彼女は２０１４年に長男を出産していて、市議になった時、まだ母乳を与えている時期だったからだ。

保守的なおじさま市議は大丈夫だったのか？「彼らは保守的だからこそ、温かい目で見てくれた。だって家族はすべての基礎だから。良い子だねえ、大事にしなさいと言ってくれた」。このあたりが日本とは全く違うところだ。

だが、２０１７年、彼女は任期途中で市議を辞任した。彼女のパートナーが州都セーラムに仕事を得たため、引っ越す必要があったからだ。「私の人生の中心は家族だから。でも私が市議になった後は、女性や若い人や有色人種が市議になって続いた。市議会がとても多様になったんです」

セーラムに家を買って転居後、彼女はポートランドのＮＰＯ、ＡＰＡＮＯの事務局長に職を得た。起業した会社は人に任せている。

彼女はなぜＮＰＯの事務局長になることを決めたのか。

「私は何か自分が役立てることがあると思ったら、挑戦したくなるんです。会社勤めも、起業も、政治家も経験した。最後のフロンティアがＮＰＯだったので」

事務局長としても若い。しかも女性だ。彼女は身長150センチと小柄だから、余計に若く見える。「初めての人たちと会うミーティングの時はいつも、私は『ありがとうございます』そしてにっこり笑うようにしている」。この経験、わかるわかるという女性も多いのではないだろうか。女性がキャリアアップしていくときの処世術、アメリカでもまだそうなのだ……。

「市議時代もそうだったけど、まわりはみんな、私が何も知らないと思っている。それで、助けてあげる、って言われるんだけど、素直に助けてもらう。まあそれでうまくいくから(苦笑)」

彼女はNPOに新しい風と文化を持ち込もうとした。

「NPOには本当に心根がいい人たちが多い。大きなハートと、人を助けたいという思いに満ちていて。それはとてもいいこと。でも良い人過ぎることもあって(笑)。政治家や政府に働きかけて良い法律が出来ても、それがきちんと成果を出さなくちゃ意味がない。NPOには数を気にするのをいやがる人も多いけれど、私はビジネスの出身だから、ビジネスの言葉で語る。成果って何？　数はどう変わったの？　データは？　って」

もちろん、最近ではNPOの世界でも「インパクト（成果）」と「評価」が重視されるようになってきているが、彼女はまだまだ足りないという。

「交渉の文化もつくりたいと思っている。私はビジネスの世界でタフ・ネゴシエイターだったけど、NPOでも根付かせなきゃと思っています」

日本でもNPOはスタッフにお給料を払ってはいけない、稼いではいけないと誤解をしている人がまだ結構いるが、NPO先進国アメリカでもそうなのだと彼女は言う。

「高いお給料を払っちゃいけない、とか。それは違う。私はNPOはソーシャルイノベーターや社会企業家だと思うし、価値をつくり出しているのだからその分の対価を得るべきだと思っています」

APANOはコロナウイルス対策にも力を入れた。感染初期の頃はアジア出身、というだけで差別されることもあったし（その後アジアだけではなくて世界に感染は広がっているが）、小さな商店や食堂など彼らの商売も大打撃を受けたからだ。「コロナウィルス・リリーフファンド」という独自の基金を作り、寄付を募り、2万6千ドル以上集めた。

さらに、他の団体と共にポートランド市にはたらきかけて、移民の多い地区の零細企業向けに19万ドルの基金が作られた。ほかにも自治体から国のレベルまで、支援政策の提言を行った。

さて、彼女にいつかは政治の世界に戻る？　と聞いてみた。「たぶんそう思う。私が必要とされる時が来たら」という。

彼女との出会いは忘れがたい。ポートランドのＮＰＯ取材の一環でオフィスを訪れ、ランチを一緒にしようと誘われて、オフィスのすぐ裏にあったフォーの店で向き合った。彼女は開口一番こう言ったのだ。「あなたの今回のゴールは何？」

こちらが説明や質問をする前にあまりに直球、ドストレートなことを聞かれて、私はどぎまぎしながら「ええと、ポートランドには草の根の民主主義があるように思えて、それについて知りたくて……」とかなんとか答えたのだった。

だから、最後に彼女に「ゴール」について聞いてみた。

「誰もが、自分の足で立てるようにすること、母親は子どもに自立してほしいと願うでしょ？　それと同じ。そして」と、続けた。

「私は政治で恩返しをしたいんです。難民としてここに来たとき、コミュニティは腕を広げて私を迎えてくれた。私は幸運だったし、いろんな人に助けられてここまで来られた。だからオレゴンに恩返しをしたい。そう思っています」

離婚した彼女は子ども2人、両親と共にセーラムに住み、毎日往復3時間近くかけてポートランドに電気自動車で通っている。APANOの他にも自治体のまちづくりの委員などの仕事も多く、慌ただしい日々が続く。

★

彼女はその後、APANOを離れた。「なぜ?」とメールで聞いたら、「とても複雑でこみ入っているから、会った時に」。今はNPO「オレゴン・フード・バンク」の副CEOとして働き始めた。

早く海外に自由に行けるようになって、彼女とまた会いたい。

初出:MASHING UP 2020年5月31日・6月1日
「NPO「APANO」事務局長 チ・ウェン」に加筆

第2章

日本でも芽吹く「政治を語る場」

——最初の一歩を踏み出した若者たち

岡山市のショッピングモールで行われた
「エレフェス 学ぼう！ 18歳選挙権」

古賀要花さん提供

選挙への関心を高めるために
フェスを発案した古賀要花（いるか）さん

ご本人提供

頑張れ女の子——世界を変えるのも、救うのも

仕事の息抜きは映画館に通うこと。たいがいはぎりぎりに駆け込み、携帯のスイッチを切ってそこからは別世界。ああ幸せ。

今年もすでに100本以上見たが、私はあることに気が付いた。女がやたらと活躍するのだ。「バットマンvsスーパーマン」ではヒーロー2人が内輪もめ（私は、何で正義をめざす立派な男2人がけんかするのか最後までわからなかったし、現実でもありそうな話だと思った）する間に、地球の危機にワンダーウーマンが立ち向かう。米国のマイケル・ムーア監督のドキュメンタリーでも「女性こそが世界を救える」。「神様メール」でも、勝手な男の神に対し、世界を花で埋め尽くすのは女神だ。

ハリウッドの超大作からアート系まで。映画は現実社会を映し未来を先取りする。

私は確信した。

世界を変えるのも救うのも、女だ。

◇

さてそれに比べてこの国は……とは嘆かない。私は少女たちに確かな未来を見る。

在日米国大使館主催の「#GO GIRLS! プログラム」を見に行った。「女の子のためのリーダーシップ入門講座」だ。今年から始まり、中1から高3まで35人が参加した。企画や構成は、大使館とNPOのGAP（ジェンダー・アクション・プラットフォーム）が共同で行った。

ミシェル・オバマ大統領夫人やキャロライン・ケネディ米駐日大使が、国際女性デーに合わせ発した「Dear Me あの頃のわたしへ」というビデオメッセージを見て議論した。ミシェル夫人は「物事が悪い方にいくことを心配しないで。成功は完璧さと関係ない。手を挙げて、声を出して。間違いから学んで。進み続けましょう」。ケネディ大使は「若かった時、間違うことを恐れないでというアドバイスをもらえたらよかったなと思います。大事なのはリスクをとって自分を信頼すること」

議論では大人のメンター（案内役）が「15歳の時、2人はどうだったと思う？」。参加者は「失敗をこわがっていた」「私たちと変わらない普通の感じだったと思う」。意見発表では、「ミシェルが手を挙げて、って言ってたので思い切って手を挙げました」

大分市から来ていた井田馨さん（13）に話を聞いた。中学校1年生だ。

「私は田舎に住んでいるので、東京の子たちの中で最初はちょっと気おくれしました。グループディスカッションは初めてやりました。私の意見も聞かれて、まとめに反映されてうれしかった。都会の子は自分の考えがしっかりしていて失敗しない、って思ってたけど、同じなんだなって」

井田さんは、講座の直後にあった生徒会の選挙に立候補して当選した。「今まで生徒会に興味はなかったけど、自分が学校を動かせるかも、と思って思い切って立候補してみました。失敗してもいいからやってみようって。演説会では演壇から降りて、『あなたは学校をどうしたいですか？』『生徒会に不満は？』って、みんなに話しかけてみました。『あなたの考えを取り入れたら、学校は楽しくなると思います』って言ったんです。このやり方は、講座に行って思いつきました。行っていなかったら、立候補しなかったと思います」

誰かが背中を押してくれれば、挑戦しようと思い、可能性はぐんと広がるのだ。

「東京の子」にも聞いた。関口遼子さん(16)。高校2年生。

「私、お兄ちゃんが優秀で。自分にちょっと自信がありませんでした。講座でも1回目は意見をあまり言えなかった。2回目ではちょっと慣れてきました。自分の意見を言って、人がまたそれを受け入れてくれてさらに意見を言っていいものが出来てくるのが面白かった。達成感がありました。すごく刺激を受けて、少し自信がつきました。これから頑張ろうって思いました」

◇

私はつぼみがふくらんでいくような少女たちの話を聞きながら、不覚にも涙をこぼしそうになった。私は彼女たちの母親の世代だが、今でも自分に自信がない。「どうせ私なんて」と思っている自分がいる。もし30年前にこういう経験をしていたら人生は変わっていた、かもしれない。

頑張れ女の子。おばちゃんも、頑張るから。

★

若い人たちに接していつも思うのが、彼らは背中をちょっと押してあげて、きっかけを作ってあげることで信じられないほどぐんと伸びる。もやもやと心の中に抱えていた自分の考えを言葉にして口にして、そして動き始める。

最初の一歩は小さいし、勇気がいる。でもこの一歩を生み出すことが重要で、そうすると、まるで解き放たれたように自由に大きく動き出し、すくすく育っていく。まるで魔法のように。それが若さということなのだろうと思う。

米大使館のプログラムを取材してから4年。彼女たちは、驚くほどに成長していた。

当時、記事にはしなかったが、話を聞いたもう1人に出島こころさんがいた。中学校1年生で、徳島から参加していた。

高校3年生になった彼女の「その後」はまるで冒険譚だ。時たま徳島言葉を交えて、流れるように彼女は話してくれた。

「それまでの私は授業でも先生に一方的に話を聞くばっかりで、自分の意見を言ったり議論したり、なんていうことはありませんでした。でもプログラムに参加して、最初は緊張したけど、だんだん自分の意見も言えるようになって」

　変わりました？

「いろんなことをしたいという気持ちはあったけど、行動に移せなくて。勇気がなかったんです。でもプログラムに参加して、まずはやってみることが大事なんやなと」

　中2で生徒会の役員に立候補、副会長になったそうである。もちろん選挙で選ばれてのことだ。

「選挙では新しい制度を作りたいとか、文化祭をもっと大きくしたい、って訴えました」

　で、制度は作れました？

「私たちの学校は自転車通学の子がほとんどなんですが、迷惑駐輪をしてる、とか苦情も結構多かったんです。なので、自転車につけるネームプレートを大きくしたら迷惑駐輪も減るんじゃないかと。そう提案しました。プレートのデザインは生徒から公募して」

　反対もあったのでは？

「はい。でも全校集会をして議論して。あと、反対している子たちに声をかけて一人ずつ話をしたら、だんだんみんなわかってくれて。最後には反対はほとんどいませんでした」

ていねいな合意形成をしたわけだ。中3の時にはテニス部のキャプテンとなり、高1から高2にかけては、歴史に興味があるからとドイツに留学した。学校外のイベントにも積極的に参加しているそうである。

「私、いろんなことに興味を持ちすぎてちらかっているんです（笑）」

東京に住む関口遼子さんとも久々に話をした。おっとりした口調は全く変わっていなかったが、もう大学3年生だ。

大学で国際関係を専攻し、アルバイトもしている。何を？

「100均ショップで……」

それはおもしろいんじゃないですか？

「私、お客さんと話をよくするんです。おばあさんに、この商品どこにあるかしら、って聞かれて、答えると、この商品はいいのよ、と言われて30分話し込んだりとか。100均ってとにかくいろんな人が来るじゃないですか。私、同じ環境の人にずっと囲まれて生きてきて、それは心地よくて楽なんだけど、世の中は違う人たちばかりですよね。それを初めて経験したのが、GO GIRLSでした。自分はこれまで同じ価値観の人たちとばかり一緒だったんだ、ってわかったんです」

それを知ったことが何かその後の人生に影響しました？

「……関係ないかもしれないんですけど……」

彼女は少しためらいがちに話し出した。

「私、大学受験に失敗したんです。第一志望に落ちちゃって、すごいショックで」

でも、と彼女は続けた。

「それって、学歴っていう視点からしか人を見ていなかったなって思うようになりました。そういう一つの面でしか人を見られないって悲しいことですよね。それが、あのプログラムで気づいた、世の中にはいろんな人がいて価値観があるということで。１００均のバイトをして、さらにわかったことです」

関係なくなんか、ない。大ありだ。

それが多様性ということで、社会ということで、人生ということだ。

つぼみは急速にふくらんで、今や大輪の花を咲かせようとしている。

いや、もう咲いているのかもしれない。彩りを深めながら、美しく、生き生きと。

初出：朝日新聞　２０１６年10月13日朝刊（ザ・コラム）に加筆

少年院を出て――この春、再出発するあなたへ

初めて彼に会ったのは、昨年の春だ。

少し、はにかみながら「最近、彼女ができたんです」と言っていた。「給料で彼女にプレゼントを買ってあげて。そういう、ちょっとしたことが幸せだなって思えるようになりました」

彼とは、西卓也さん（仮名）。このコラムが出るころ、23歳になる。一昨年の2月まで1年半、少年院に入っていた。

静岡出身。物心ついたときには父と母は離婚していて、母と6歳上の姉との3人暮らしだった。裕福ではないけれども幸せな日々だったが、小5の時、母がバイク

の事故で亡くなった。父に引き取られた。

この父がささいなことで暴力をふるった。西さんの後頭部には木刀で殴られた痕がある。左手の小指も変形したままだ。仲良しだった姉は高校卒業後、家を出て行った。

高1の時、父親から突然「出て行け」と言われた。母方の祖父母の家に身を寄せたが、お小遣いももらえない。お金のかかる部活動のサッカーもやめろといわれ、退部。そこからぐれはじめた。たばこを吸い、無免許でバイクを乗り回し、万引き。絵に描いたような、という一言で片付けるにはあまりにつらすぎるのだが。

ある日、万引きで警備員につかまった。「思わず手が出て」殴る。保護観察ですんだが学校もやめ、家出してまた万引き……それで、少年院に入った。院を出る前、求人を見てたまたま目についたのが「職親《しょくしん》プロジェクト」。神奈川県のとび職だという。母のお墓のある静岡からできるだけ離れたくなくて、なんとなくそこに決めた。

職親とは、2013年に日本財団が始めたプロジェクトだ。財団では、もともと高齢者や障害者を支援していた。そのなかで刑務所を出た人の再犯率が高いことに気づいた。そこでもっと広げて出所者や少年院を出た人の再出発を後押ししようと始めた。受け入れ企業と連携している。西さんが入ったのは神奈川県横須賀市の会社、セリエコーポレーション。社長の岡本昌宏さん（41）も「元やんちゃ」。独自に出所・出院者の支援をしていたが、日本財団の活動を知って加わった。

仕事は最初きつかったが、社長や仲間にかわいがられて、無遅刻無欠勤を続けてきた。「やることがなかったら悪いことばっかりしちゃうと思う。でも、見守ってくれる人がいる。少年院で親身に就職の面倒を見てくれた先生と、社長は裏切れない」

もちろん、彼女のことだって。

現実はそう簡単ではない。岡本さんは50人以上世話をしてきたが、今でも連絡が取れるのは10人もいない。一緒にやらないかと300人以上の経営者に声をかけたが、動いてくれたのは数人だけだ。

◇

そういう民間の動きに刺激され、政治も動いた。「超党派で再犯防止を進める議員連盟」が14年に発足、昨年末に再犯防止推進法が議員立法で出来た。複数の省庁にまたがる施策で、理念的な色彩も濃い。だから縦割りにならないよう、議員立法のほうがなじむのだ。どれだけ実効性があるのかはわからないが、とにかく一歩。予算も増える。

議連の事務局長は検事出身の衆院議員。2期生ながらストーカー規制法改正など数多くの議員立法を手がけている。なぜ再犯防止を?

「地元を回っていると、いっぺん過ちを犯しても、その後良い経営者や家庭人になった人がたくさんいるんですよ。人間、待っている人や、つく仕事があれば立ち直れると実感しているんです」

票になりにくい、ですよね?

「その通り(笑)。でも、立ち直った人たちが言うのは、信じてくれた人がいたからここまで来られたと。その手助けができたら、心の底から議員冥利《みょうり》に尽きますよ」

◇

西さんと先月、また会った。彼女と暮らし始めたという(ただし、最初とは違う女性だそうだ。若いっていいですね)。無遅刻無欠勤は、現場で苦手な人がいて「つい、

ばっくれてしまって」、最近破ってしまった。社長が心配して連絡をくれた。また
やり直すつもりだ。
「一からリセットです」
　旅立ちの季節だ。彼の再挑戦を応援する社会であればいい。このあたたかな春の
光と空気のように。

★

　ここまでだったら美しい、「いい話」だった。
　この話の続きを書くのはつらい。
　収録をやめようかとも思った。が、やはり現実がどうか、ということを追うのも
大事かと思い載せることにした。
　西さんはもう、岡本さんのところにはいない。
　詳しくは書かないが、いられない事情になったということだ。彼女ともとっくに
別れたらしい。
「そんな簡単な話じゃないんです」と、岡本さんはぽつり。
　私はショックだった。言葉もない。

信じて面倒を見続けた岡本さんからしたら、裏切られたことになる。結局、職親プロジェクトで受け入れた中で、立ち直って今でも働き続けているのは一人だけだ。

でも岡本さんはあきらめたわけじゃない。

「就労支援の前にやることがあるんです。ちゃんとした生活習慣を身につけさせないと。ご飯を朝昼晩3回ちゃんと食べるとか、夜寝るとか」

就労支援もしながら、自立支援のためのNPO「なんとかなる」を立ち上げ、児童養護施設を退所したり、少年院を出た若者のケアをしている。暮らすためのホームもつくり、「ちゃんとした生活習慣を身につける」支援をしているのだ。

「やめませんよ。就労支援以前の子たちを受け入れる場所をつくって、できるだけ早いタイミングで面倒をみるのが大事ですから」

そして岡本さんは今、インドネシアからの技能実習生を受け入れている。何でまた？

「日本人同士で仕事をすると、すぐケンカになるんですよ。あの先輩嫌だとか、このガキ使えないとか。外国の子を入れたら空気が変わるんじゃないかと思って」

岡本さんの読みはあたった。日本人一人、インドネシア人の実習生二人でチームを作って仕事をすると、トラブルが劇的に減ったというのだ。

なぜでしょうね？

「日本人だと、これを言ったらどう思われるか、とか相手の反応を常に気にしながら仕事をするでしょう。小さいときから世間の目を気にしてばっかりだから。疲れちゃうんですよ。でも外国人だと言葉もなかなか通じないから、そんなことを気にしている余裕もないし、しかもインドネシアの子たちが一生懸命でまじめなんですよ。だから、面倒みてやんなきゃ、っていう気になるんです」

そこから発展して岡本社長、去年12月にインドネシアにセリエコーポレーションの現地法人を設立したのだという。

「せっかく技術をインドネシアに持ち帰ったんだから、それを生かせるように」

かの地は経済も伸び盛りだから、マーケットとしてもいいのでは？

「そうなんですよ。東南アジア全域を視野にいれてます。セリエが東南アジア中にできるんですよ」

岡本さんの姿勢は一貫している。少数派、つらい立場にある人、弱い立場にある人を応援して、背中を押す。確かにそう簡単じゃない。裏切られることも、がっかりすることもある。

でも、希望を捨てない。常に灯りを見いだす。たとえ今日転んでも、明日にはまた立ち上がりたい。

初出：朝日新聞　2017年4月6日朝刊（ザ・コラム）に加筆

投票率アップ——2人が咲かせた小さな花

わずかに顔を出した芽がぐんぐんと育ち、小さくても花が開いたのは、土がよくて、水や日の光もふんだんだったから。

2人の姿を見て、そんなことを思った。

今年4月に行われた、神奈川県鎌倉市議選の投票率アップに取り組む女子大学生2人を取材してきた。

森脇留美さん（22）と吉田京加さん（21）だ。2年前、たまたま鎌倉市議会議員のインターンをしたのがきっかけだ。市議会を傍聴したが、何を言っているのかさっぱりわからない。なぜ？　それは若者の投票率が低いから、若者に親しみのある話が出ないからでは——。ならば市議選に向け投票率を上げよう。

そんな彼女たちを大人が応援した。鎌倉市のまちづくりネットワーク「カマコン」の人々だ。「カマコン」は2013年に発足、毎月定例会を開き、こういうことをしたい、という人がプレゼンをして、参加者がブレスト形式でアイデアを出す。「鎌倉を良くしたいという気持ちがあれば」、参加費1500円を払って誰でも参加でき、毎回50人ほどが集まる。2人もここでプレゼンをしたことから始まった。

実はカマコンにも、2人と同じ問題意識を持つ人たちがいた。4年前の市議選の投票率アップをめざしていたのだ。投票日に雨が降ったこともあって投票率は伸びなかったが、活動は終わらなかった。市議選から2年たった時、中間評価が必要ではと市議を招いて意見交換会を開いた。これなら、これまで何をやり、これから何が必要かが明確になる。選挙前の討論会や演説会はよく聞くが、こういう中間報告的なものは、ほとんど聞いたことがない。そこに2人が現れた、というわけだ。

◇

さて2人と大人たちは今年4月23日の市議選に向け、イベントを仕掛けた。4月9日には候補予定者を招き議論を交わす会を開いた。50人ほどが参加。さまざまな世代がいて、地元の鎌倉学園中高のESS同好会のメンバーも先生に連れられてきていた。もちろん、森脇さんと吉田さんも。

クラウドファンディングで資金を集め、投票を済ませた証しを示すと飲食店で割引してもらえる「選挙割」、投票日前日の期日前投票所では、鎌倉名物の人力車で送るサービスもした。さて、その結果は……。

10代は35・47%だった。前回は44・99%だ。そして、20代は前回25・59%で、今回は25・65%。微増だ。でもあまりにわずかで、挑戦が成功した、と言っていいのかわからない。

2人に感想を聞いた。

「人力車の時に、若い人がSNSでシェアしてくれたり、年配のご夫婦に『意外と人力車って乗らないから乗ってみようかな』『近所の人にも教えるね』って言われたりして楽しかった。若い人が何かやると、みんなが興味を持つとわかりました」(森脇さん)。「政治家と一緒に、街のことを考える機会がもっとあるといいと思いました。政治って政治家に任せておけばいい、自分の声なんて届かないって思いがちだけど、そうじゃない。夢がふくらむ感じでした」（吉田さん）

始まりはきわめてシンプル。でも彼女たちはひたむきで一生懸命だった。だからこそ大人たちも傍観者ではいられず、それまでの活動の積み重ねもあって、実際に物事が動いた。政治や社会変革の原点とはこういうことでは、と私は思った。

◇

4年生の森脇さんは中学校の社会科の教員をめざす。いつか教壇に立ったら、生徒と市議の交流などできれば、と考えている。3年生の吉田さんは、秋にある鎌倉市長選でも同様のことが出来ないか構想中だ。

2人の熱は伝わり始めている。候補予定者との議論に参加した鎌倉学園のESS同好会。当選した市議と、今月意見交換会をした。生徒たちの生活への不満から、今の鎌倉ってどうなの？　鎌倉の街で何がやりたい？　という話まで盛り上がったという。

まずは勇気を持って始める。エネルギーはほとばしって勢いを増し、やがて正の連鎖を生み出すかもしれない。若ければ、なおさらに。

一歩を踏みだそう。たとえ小さくても。

★

あれから数年がたち、森脇さんも吉田さんも社会人になった。

森脇さんは横浜市内の中学校の教員。初任からずっと、特別支援学級の担当をして、3年目になった。生徒は知的障害や自閉症のある子供たち。もともとは社会科の教員だが、今は全科目を教えている。

「数字を書くことしかできなかった子が、足し算や引き算がわかるようになったり、公式を覚えて、こんなに簡単に計算ができるようになるんだ、って感動してくれたりとか。とてもやりがいがあります」

学校の様子について説明してくれる森脇さんはきびきびと、そして生き生きとしていた。ふんわりとしていた学生の時の雰囲気を残しながらも、責任を持って仕事に取り組んでいる様子が伝わってきた。

でも、政治や選挙の話は難しいのでは？　生徒とそういう話をしたい、って言ってたけれど。

「確かに、まだしたことはないです。でもいつか、何らかの形で伝えられると思います。制度とか理解することが難しくても、彼らなりに感じ、考えられると思う。みんな、私が思っていたより、勉強に対する意欲が強いんです。新しく物事を知ったり、発見したりするのが大好きなんです。学ぶこと自体をすごく楽しんでる。すごい発見で。あ、これもあの選挙の活動の時に経験したことです」

どういうことですか？

「あのとき、若者の投票率を上げたいって思って。きっかけは、若者の投票率が低いことで、若者は政治に関心がないって思ってました。でも、一人一人と話してみると、意外に政治に関心があって、考えていたりもする。今教えていても、実際に接して話してみないとわからないことってある、って本当に思います。だから、いつか彼らとも政治や選挙のことについて話してみたい」

吉田さんは鉄鋼関係の商社に勤める。法務部の所属だ。ますます、政治や選挙の話とは縁遠そうだ。

「そうですね……会社の上の人や同期と政治について話すことは全くないですね。学生の時は私の活動を知っている人たちが周りにたくさんいて、議論をしたりもしたけど、今はみんな私がやっていたことも知らないし……」

では、あの活動をやったことで今につながっていることはないですか？

「いろいろ行動したことは役に立ってます。何か疑問に思ったことがあったら、そのままにしないで声をあげてみるとか。あのとき、勇気を出して一歩を踏み出したように、仕事でも、これってどうなんだろうと思ったら先輩に臆せず聞いて何かできないかやってみようって。1年目だしまだまだ未熟だし、本当に勇気がいったけど、思い切って『これ古いやり方ですけど、どうなんですか』と言ってみたら、意外に『じゃあこうやってみようか』と進めてくれる人もいて。そういう、声をあげるっていうことが、学生の時のことと通じるというか、生かされている」

吉田さんもまた、おっとりとした風情は変わらないが、でもその口から出てくる言葉はきっぱりとかっこよく、荒波にもまれながらも自分を失わずに力強くこいでいるのがよくわかった。

花は自ら力を持って、成長しながら咲き続けている。

初出：朝日新聞　2017年6月15日朝刊（ザ・コラム）に加筆

フェスに似たもの——政治は日常の地続きに

混乱と狂騒のうちに、嵐のような総選挙が終わった。

私はあちこちの選挙区に行ってみた。最後に向かったのは投票日前日、安倍晋三首相の秋葉原駅前での演説だ。到着すると、業界団体の幹部が前説をしていた。よくある選挙の光景といえよう。

その直前には、立憲民主党の集会に行った。枝野幸男氏の到着を待つ間、司会の女性が呼びかけた。「スマホの落とし物がありました。誰か心当たりのある人はいませんか？」「これも何かのご縁だから、まわりの人と自己紹介して友達になったりして」。なんかずいぶんカジュアルで日常っぽい、いつもの選挙の集会じゃありえない……と思ったところで私は気がついた。

政治とは本来、日常と地続きのはずだ。それが途切れてしまっていたのだ。ここにいる人たちは、これまで政治に、選挙に興味があっても、どうしたらいいかわからなかった。ようやく参加できると集まり、政治とつながる実感を得たのでは、と。

枝野氏は演説した。「政治が国民からいかに離れてしまっていたか。それにいかに国民がいらだっていたか、私は反省しています」「政治を国民の手に取り戻します」

私は山尾志桜里氏の選挙区にも行った。スキャンダル報道で女性票に打撃、と報じられていたが、私が見た光景は違った。平日の昼間ならまだしも、朝の駅頭でも女性が彼女に歩み寄り、握手に応える。私は聞いた。なぜ彼女を支持するんですか？「ほかにいないじゃないですか、同世代で、女性で」「待機児童のことを国会で聞いてくれる」。私はこうも聞いた。スキャンダルは気にならない？「政治とプライベートは関係ない」「最初は正直腹がたったけど、ああやって堂々と出てきて、逃げない。印象が変わりました」

私は思った。女性たちはこれまで政治とどうつながったらいいかわからなかったのだ。でも、実は政治を欲していて、ようやく回路を見つけたのだ。立憲を支持した人たちとある意味共通している。

◇

そんな時、私は1人の女子学生と知り合った。古賀要花《いるか》さん、20歳。大学1年生だが、今年3月、故郷の岡山市で「エレフェス　学ぼう！　18歳選挙権」と題するイベントを行った。「もともと教育に関心があって。若者が自分で考えて主体的に行動するといいなって思ってて、18歳選挙権はきっかけになると考えたんです」。ショッピングモールの一角を借り、注目を集めるため「パフォーマンス代表選」をした。「政治に興味のない人にこそ来てほしかったから。ふだん行くモールで自分と同世代がお祭りみたいに楽しくやっていれば、立ち寄って学べるんじゃないかと」

選挙のクイズをし、いつの選挙でどんな思いで誰に投票したか記録できる「選挙手帳」（母子手帳や、お薬手帳のイメージだ）をつくり、配った。費用は寄付でまかなった。2千人が集まり、大盛況だった。9月には小学生向けに第2弾を行った。

今回が2回目の投票。住民票を移していないため、「手続きがもう、本当に大変だったんですけど、根性で投票しました」

◇

自民党を応援する人々が選挙に深くかかわるのは、「その結果が日々の暮らしに直結している」（陣営）からだ。ある地方の選挙区の自民党の候補者は、後援会の人々が総出で選挙を支えていた。運転手をしていた地元企業の幹部は「民主党政権の時は全然ダメだったけど、今期は事業をつけてくれて本当に助かりましたよ」

政治が生活に直結するのは彼らだけではない。ただ、多くの人はどうやって関わればいいかわからなかったのだ。立憲はそこに一つの答えの芽を見いだしたように思える。そして、人々が選挙戦に立ち入っていく理由はもう一つ、それが面白く、楽しいからではないか。誤解を恐れずいえば「フェス」に似たようなものだからでは、と私は思った。立憲を支持した人たちは、政治に参加する作法を学びつつあったのだ。

「あなたと一緒に（政治をする）」と枝野氏は語りかけていた。いざ具体化となれば本当に難しいだろう。政治は現実だし、永田町の権力闘争とは無縁でいられない。

国会が始まった。次の幕が開いたのだ。

★

あれから3年たった。立憲が見いだした「芽」は、残念ながら伸びなかった。「立憲フェス」は開催された。しかし、私が立憲の政治家を見ていて感じたのは、なぜ自分たちがあの選挙で選ばれたのかわかっている人が少ないのでは、ということだった。

あの3年前の選挙で聞いたのは「やっと投票するところができた」という声だっ

た。そういう人が立憲民主党に入れていた。立憲の政治家たちは、その言葉の意味がわかっていただろうか。それを深め、広げるために努力していただろうか。一部の人々はわかっていたように思える。が、それが浸透しなかったのは、立憲の支持が広がらなかったのを見ても明らかだろう。

山尾志桜里衆院議員は国会での追及力はさすがで、2020年の2月には、黒川弘務・東京高検検事長（当時）を国家公務員法の規定に基づいて定年延長したのは過去の政府見解と矛盾すると指摘し、黒川氏の辞任劇の端緒となった。3月に立憲を離党し、国民民主党に入った。次の選挙には、比例の東京ブロックから単独一位で立候補するという。彼女を支持した元の選挙区の人たちは今どう思っているだろうか。

一方、久々に会った古賀要花さんは少し大人びていて、この3年間にあったことをたくさん話してくれた。それはまるで七つの海へと勇敢にこぎ出した船乗りのように波乱万丈、そしてとても輝いていた。

大学では勉強もしたし、サークル活動もした。ハビタット・フォー・ヒューマニティという途上国で住居を提供する国際NGOの大学支部（全国で30以上あるそうだ）

を一年生の時に自分が通う津田塾大学に作り、代表になった。サークルの名前は津田梅子の「梅」とフランス語で「住まい」を表す「メゾン」を合わせて「ウメゾン」。

「みんなで考えたんです」

年一回、フィリピンやインドネシア、カンボジアに出かけて現地の人々と共に住宅や公民館を文字どおり「建てた」のだという（資材を運び、組み立て……）。旅費は自分たちで出すが、資材代は街頭募金で集めた。新宿駅西口に立ったそうだ。

今時クラウドファンディングもあるのに、なんで街頭？

「リアルで人と会って話してお金を支援してもらったほうが、現地に行ったときに、あの人にも支援してもらった、この人にも、って顔が浮かぶと思ったんです」

驚くなかれ、毎回二週間で50～70万円を集めたそうである。一体どうやって？

「自分たちが何でボランティアをやっているかきちんと思いを伝えました」

でもみんな通り過ぎるわけでしょう？　聞こえるのは10秒くらいじゃないの？

「毎日通る人もいるし。みなさん意外に聞いてくれてます。伝わるんだなって思いました。近くに喫煙所があったので、たばこ吸いながら私たちの話が耳に入って、吸い終わって入れてくれたり。もちろんからまれたりとかもありましたけど」

何て話したんですか？

「家は私たちには当たり前にあるものだし、毎日頑張れるのは安心して眠る家があるから。でもそうじゃない人が世界には10億人います、8人に1人がそうなんです」

何人がいくら支援してくれている、というのも日々公開していたそうである。

「募金って指数的に増えるんですよ」

大学院に進むことを決めたそうだ。「自己決定態度」を研究したいのだという。

なぜ「自己決定」を。

「今の若い人たちが自分で考えて決めることができてない、って思う場面が多くて……」

たとえば？

「私、予備校でアルバイトをしていて、自分がAO入試で合格したからAO入試の指導をしているんです。そこで高校生に、どこの大学に行きたいの？　って聞くと、『親がこう言いました』、『将来何をやりたいの？』には『ドラマでこれが格好良かったから』とか……。コロナでオンラインが増えていて、ますますそれが激しくなっている気がします」

楽しいけれど、「私、結構浮いているんです」という。

「東大とか早稲田から来てる人が多いからかな、みんなすごい賢いんですよ。街頭募金なんて絶対集まらない、って言われました。合理的じゃないって。賢い人はやらないじゃないですか。でも私はやるんです。みんながあり得ないって思うことをやれるほうが私は面白くて。『変わってる枠』に入れられているんです、私（笑）」

政治家の事務所でインターンもした。が、長く続くことなくやめた。

「その人の目が、本当のことを言っている感じがしなかったから」

◆

永田町の大人たちを見ていると憂鬱な気分になることばかりだが、彼女と話すと、この国にも希望があると思える。彼女の透徹な視線に耐えうる政治家がどれほどいるだろう。

彼女は「あり得ない」荒海をめざすのだ。

初出：朝日新聞　２０１７年11月２日朝刊（ザ・コラム）に加筆

佐賀の小さな小学校で——ふわふわ言葉で伝える意見

昨年から、佐賀県の小さな小学校に取材で通っている。武雄市の武内小学校。飛行機で福岡まで行き、博多駅から特急に乗って1時間、そして車で緑の中を15分。坂を上ると木造2階建ての校舎が見えてくる。

◇

全校生徒150人もいないその小学校では、「ピースフルスクール」というプログラムの授業を行っている。もともとはオランダで開発されたもので、考える力を高め、意見が違ってもいい、むしろ違うのが当たり前で、そのなかでどう合意形成していくのかを教える。日本でそれを広めようとしている人と縁があった武内小が、自分たちなりにアレンジして授業にしている。今年度で4年目だ。

たとえば、ある日のテーマは対立の解決だった。低学年はぬいぐるみを使って授業をする。サル君とトラ君がテレビを見ていたら、サル君が勝手にチャンネルを変えてしまった。このとき、トラ君はどうする？　と子供たちに考えさせる。2人1組でロールプレイをする。じっと我慢するのか、たたくのか、話し合うのか。

意見を言いやすくするために、先生たちは、発言した子たちをほめ、ありがとうと言い、盛り上げる。

相手を傷つけるような乱暴な言い方である「ちくちく言葉」を使わず、優しく配慮した「ふわふわ言葉」で自分の意見を言い、相手と対話して解決への道をさぐる。

プログラムを中心になってつくってきた教務主任の橋本澄子先生に聞いた。

「相手と意見が違っていい、対立があるのが当たり前、というのが日本の教育ではすごい画期的だと思うんです」という。「今まではとにかくけんかをしないようにしようという感じだったけれど、このプログラムでは対立はする、でもけんかはしない、と考えていくわけです」。それに、と橋本先生は続けた。「こういう田舎だからかもしれないけれど、黙って自分の意見を言わず、譲ってしまう子どもが結構いるんです。それもよくないんだよと教えます」

クラスのあと、1年生からこの授業を受けている3年生と話をした。

ピースフルの授業で学んだことを、ふだん使うことってある？

かりんちゃん「うん。あるよ。ブランコとか、鉄棒のときとか」

そうなんだ。

「前だったら順番でケンカしたこともあったけど、今はふわふわ言葉で言うようになった」

橋本先生によると、かりんちゃんはみんなで遊んでいてもめたとき、「話し合うって勉強したと。意見が違っても友達たい」と仲裁していたそうである。

こてつくん「国語のとき、『ちいちゃんのかげおくり』（教材）で、ちいちゃんがどうなったのかってみんなで話した」

どんなふうになったの？

「意見がこっちにいったりあっちにいったりした（腕をシーソーみたいにふりながら）よ」

それで？

「いっぱい話して、最後にみんなわかった。すっきりして、よかったと思ったよ」

担任の先生に聞くと、主人公の「ちいちゃん」の運命がどうなったかについて意見が分かれたのだが、みんなが納得するまでとことん話し合ったのだという。

◇

ネットでも国会でも、粗雑で気遣いなく相手に投げつけるような言葉があふれている。見聞きするだけで心がささくれる。

同時に、橋本先生の言うように日本は同調圧力の高い社会でもある。一昨年に「18歳をあるく」というシリーズを担当して若い人を多く取材したのだが、SNSの浸透で同調圧力がより高まっていると感じた。いつも周囲を見回して、何を言われるかを気にしているような。誇張していうと、常に監視をされているような。窒息しそうな息苦しさを感じた。でも、この小学生たちを見ていると未来は明るいと感じられる。

4月になって、一つ学年が上になったみんなと会うのが楽しみだ。休み時間に学校につくように行こうと思う。車の気配を聞きつけてベランダに出てきて、手を振ってくれるのが本当にうれしいから。

★

武内小学校の生き生きとしたみんなの様子を見ていると、自分が小学校の時のことを思い出す。

小学校一年生までは、のびのびしていたと思う。踊るのが大好きで、「真っ赤な秋」というお気に入りの歌に友達と振り付けを作り、「帰りの会」の歌が「真っ赤な秋」の時は、勝手に自分の席で踊っていた。

が、そんな私も周りを気にし出す時が来る。

今でも鮮烈に覚えている。二年生の国語の時間。教科書に載っているお話の段落（という言葉を先生が使ったかどうかは忘れてしまったが、とにかくそういう意味のこと）分けがどこか、と先生に聞かれ、ある生徒が答えた。それは私の思った箇所とは違った。が……

「同じくここだと思う人は？」

先生が問うと、多くの生徒が手を挙げる。え、みんなここだと思ってるんだ。私と違う。胸の鼓動が早鐘のようになり、私は左右を見回して、どうしよう、どうしよう、と激しく迷った結果……、手を挙げてしまった。

先生が言った正解は、私が思っていた箇所だった

それから、私が自分の思うとおりのことを言うようになったか、というと全く逆で、いつも周りを気にするようになってしまった。左右を気にして、びくびくして。自分の意見を言うことを恐れ、多数派につく。……ああ、悲しい。

だから、武内小学校のみんなを見ていて、「自分の意見を優しく伝える」ことが自然に身について、本当に素敵でうらやましいと思ったのだ。

でも、成長するにつれて心が揺れ動くようになってきて、自分の思うとおりに振る舞えなくなるときがくる。

教頭先生となった橋本先生も言っていた。

「5年生くらいになると、斜に構えるところも出てくるんです。たとえば、けんかするんじゃなくて話し合ったほうがいいと思って、そう言おうとしても『そげんゆうて、いいこぶって、と言われるかも』と思っちゃう」

それでも、と橋本先生は言った。

「低学年の時に自分の意見を持って、伝える術を学んでいるのとでは違います。根本的に学んでいますから」

3年生の時に話を聞いたかりんちゃんは5年生になっていた。もう一度会ってみた。

前は、授業でやったように友達に言える、って言ってたよね? 今はどうかな?

かりんちゃんは、うーん、と少し首をかしげて考え込んでから言った。

「言いにくくなることがある。友達と3人でおったとして、2人が同じ意見で、自分が違う意見でも言えない。もし2人から次の日仲間はずれにされたり、こそこそ

郵 便 は が き

お手数ですが
切手をお貼り
ください。

１０２−００７２
東京都千代田区飯田橋３−２−５
㈱ 現 代 書 館
「読者通信」係 行

ご購入ありがとうございました。この「読者通信」は
今後の刊行計画の参考とさせていただきたく存じます。

ご購入書店・Web サイト			
	書店	都道府県	市区町村
お名前《ふりがな》			
〒 ご住所			
TEL			
Eメールアドレス			
ご購読の新聞・雑誌等			特になし
よくご覧になる Web サイト			特になし

上記をすべてご記入いただいた読者の方に、毎月抽選で
５名の方に図書券５００円分をプレゼントいたします。

お買い上げいただいた書籍のタイトル

本書のご感想及び、今後お読みになりたいテーマがありましたらお書きください。

本書をお買い上げになった動機（複数回答可）

1. 新聞・雑誌広告（　　　　　　　）　2. 書評（　　　　　　）

3. 人に勧められて　4. SNS　5. 小社HP　6. 小社DM

7. 実物を書店で見て　8. テーマに興味　9. 著者に興味

10. タイトルに興味　11. 資料として

12. その他（　　　　　　　　　　　　　　）

ご記入いただいたご感想は「読者のご意見」として、新聞等の広告媒体や小社Twitter等に匿名でご紹介させていただく場合がございます。
※不可の場合のみ「いいえ」に○を付けてください。　　　いいえ

小社書籍のご注文について（本を新たにご注文される場合のみ）

●下記の電話やFAX、小社HPでご注文を承ります。なお、お近くの書店でも取り寄せることが可能です。

TEL：03-3221-1321　FAX：03-3262-5906
http://www.gendaishokan.co.jp/

ご協力ありがとうございました。
なお、ご記入いただいたデータは小社からのご案内やプレゼントをお送りする以外には絶対に使用いたしません。

言われたりしたらと思うと……」

そっか。

「学年が上がるにつれて不安になってきて……」

じゃあ、勉強しなくても同じだった？

「……」

間を置いてからかりんちゃんはこう言った。

「でも勉強してよかった。だんだん不安が大きくなってくるけど、自分の意見を持っていていい、というのが心の片隅にあって、自分の意見を持つのは大切なんだと思ってる」

子供たちはわかっている。たとえ心が嵐のように揺れるときが来ても、学んだことはしっかりと心のどこかに根を下ろしていて、信号を発している。

自分の意見を持っていい。それを口にしよう。上手に伝える方法はある。

小学校2年の迷える私に教えてあげたい。

初出：朝日新聞　2018年3月22日朝刊（ザ・コラム）に加筆

「自信がない」病――威張らず委縮せず生きたい

米国のボストンで、日本人女性向けの研修を受けている。フィッシュファミリー財団という米国の財団のプログラムで、なぜ日本人女性が対象かといえば、財団創設者がフィッシュ厚子さんという日本出身の女性だからだ。

リーダーシップについてのクラスがあった。リーダーに必要な要素について学んでいくのだが、1番目の項目は「自信（confidence）」だった。

多くの日本人女性が「自信のない病」にかかっている、ように思う。私もその1人だ。いろいろな理由があるが、女性ゆえということも大きな要因の一つだと思う。女性だから、男性に囲まれた職場や社会で先が見えない。将来像が描けない。相談する人もいない。そうこうするうちに、「どうせ私なんて」と思うようになる。

どうせ言ったって聞いてもらえないから意見を言わない。どうせ努力したって報われないから、適当に済ませよう。息をひそめているうちに前向きになれなくなり、意欲も失って目から輝きが消えていく。

女性同士で話してみると、「私も」「私も」と、似たような心境の人が多いことに安心するが、驚きもする。社会の大きな損失だと思う。

日本人特有なのかと思っていたら、そうではないらしい。このプログラムでは米国の30～40代のキャリア女性たちと一緒に学ぶ授業もあるのだが、昨年の参加者によれば、自己紹介で「私は男性の多い職場にいて自信が持てない。どうしたらいいのかわからない」といきなり泣き出した米国人女性がいたという。周囲の米国人女性たちも大きくうなずいていたそうだ。

日本人女性だけじゃないんだ、と思ったところで私は気がついた。もしかしたら、男性も自信がないのでは、と。

男性の先輩に聞いてみた。こう言われた。

「今頃何言ってるんだよ。男だって自信ないに決まってるだろ。だから、威張ったり偉そうにしたりするんじゃないか。あれは自信のなさの裏返しだよ」

確かに、そうやって考えてみると「偉そうにしている人」は、どこか不安げで、びくびくしているように見える。

◇

財務次官がセクハラ疑惑で辞任した。

私は思う。セクハラやパワハラも、ある種の自信のなさの表れではないのだろうか。病根はそこにもあるのではないかと。

自信がないからこそ、自分の弱さを隠すためにも逆にむやみに偉そうに振る舞いたくなり、力を誇示しようとする。自意識もゆがみ、自分の力を見せつけずにはいられなくなる。他人への敬意が失われ、服従させようとする。無理やりに。それが異性や部下に向かい、悲劇が生まれる。

辞任した次官とは何人かで席を共にしたことがある。超優秀で頭が切れ、でも気さく。その時の印象からの私の勝手な想像だが、常に激しい競争に勝ち続けてきた人生で、いつもエリートでいなければならない強烈な重圧や緊張があったのではないか。完全無欠でなければという強迫観念で、一番でなければ自信が持てない。あるいは逆に、過剰な自意識や全能感かもしれない。

そういう意味で言えば、もしかしたら男性のほうが女性よりもっと不自由でかわいそうなのかもしれない。女性は率直に「私は自信がない」と言えるだけ、実は楽なのかもしれない。「自信がない」と口にできない男性は、気の毒な生き物なのかもしれない。

◇

男性も女性も、もっと自然に生きたい。不必要に萎縮することも、肩ひじはることもなく、普通に自信を持って、前向きに。言いたいことはきちんと言って。

本当に自信のある人は力を見せつけようなどとしないし、優しい。他人を尊敬し、そして強くて堂々としている。

成功した起業家やスポーツ選手に取材したことがあるが、共通点があった。まだ成功する前から「根拠のない自信」に満ちていたことだ。自分を信じて、自由で楽観的でポジティブだった。

自由と機会の国（それは失われつつあるとしても）の米国で、そんなことを考えている。

★

このコラムが掲載された後、「激しく同意しました」とメールをくれた人がいた。古澤ゆりさん。旧運輸省にキャリア官僚として採用され、私より5つ年上だ。もう知り合ってから20年を優に超すが、私は彼女を「取材」したことはない。運輸省や、その後の国交省を担当したことはないし、彼女が携わっている政策について聞くことはあっても、記事にしたこともない。でも、時々会ってはランチを共にし、たまには夜ものみにいった。

彼女から連絡があったあと、私は彼女のオフィスを訪れて言った。

「本当は私、〝私も『女だから』という理由で差別され、先が見えなかった。そんなふうに差別されたら後ろ向きになりやさぐれて、自信なんてつくわけがない〟、って書きたかったんですよ、でも書けなかった。自分でマイルドにしちゃった。情けないですね」

彼女は黙って微笑みながら私を見た。

そう、彼女と会うときにはいつもそんな職場の悩み（圧倒的に男女間のことだった……もちろん恋愛ではなくて、男女差別だ）について話をした。それはある意味、私にとって取材よりもずっとずっと切実で大切なことだった。大げさにいえば、彼女に救ってもらっていたといってもいいかもしれない。

彼女は旧運輸省の女性キャリア第三号だ。大学生の就職活動の時、そもそも保育行政がやりたくて厚生省（当時）に行きたかったのに「今年は女は取らない」と門前払いされた。運輸省は、語弊を恐れず言えば「男くさい」職場だった。霞が関も、男が働くことを前提にシステムが作られていた。

私も、政治部に配属になったとき、60人ほどいる部員のなかで女性は3人だけだった（今はそれよりは増えたが、それでも10人もいない）。

彼女も私も今からすれば、信じられないような経験をたくさんした。

彼女から聞いた話を一つだけ紹介しよう。職場に女性がいないから、夜の飲み会で「じゃあ女を呼ぼう」と声がかかる。飲み会の場ではチークダンス（!! チークダンスですよ、チークダンス!!）が行われることもあった。ずっと我慢して付き合っていたけれども、入省20年も過ぎて、いい加減もういいだろう、と「これからはこういう場に私を呼ばないでください」ときっぱり言った。そして周囲に「私、ホステス卒業宣言したんだ」と言ったのだ、と――。

「きっとぼろくそに言われていると思います。でも、もういいんです」

彼女は優しい表情で笑いながら、でもきっぱりと言った。

こういう会話をしたこともある。

長時間労働や不合理な習慣、仕事でおかしいと思うことは多い。でも男性は何も文句を言わない、というか変えようとしない。ひたすら働き続ける。

「男の人って前提を疑わないですよね」

私が言うと、彼女は静かにこう答えた。

「男の人は、今のままで何も困っていないからじゃないですか」

私たちはそもそも大前提が違うから、すべてに疑問を持つ。でもその疑問に答えてくれる人はいず、そもそも疑問を口にすることもできなかった。私は彼女の前では、いつも疑問を口にしていた。

やがて彼女は内閣官房に新設された内閣人事局の審議官となり、女性も働きやすい職場づくりに力を入れ、実績を残した。そしてそのポストを最後に役所を去った。天下りもしなかったのが彼女らしかった。

威張らず、萎縮せず、自然に言いたいことを言う。それは彼女だった。

彼女がその域に達するまで、いったいどれほどの思いをかみしめてきたことだろう。彼女は道を開いた。その後を多くの女性たちが続いている。私もその一人だ。

それを忘れずに歩んでいきたい。

初出：朝日新聞　2018年4月26日朝刊（ザ・コラム）に加筆

自分で考えて動く——「スマホ顔」も社会も変わる

スマホ顔、って知ってます？　下を向いてスマホチェックばっかりしていると、顔にたるみやゆるみが——。加齢のせいばかりではないのではと最近気になっていた。

名古屋に金城学院という学校がある。中高一貫の伝統ある女子校だ。そこで「中高生のためのケータイ・スマホハンドブック」を生徒自らが毎年つくっている。今年で10年目、80ページほどの冊子だ。愛知県で中学生の自殺があったのをきっかけにネットやいじめについて考えるようになった。携帯やスマホは以前から禁止だったが、生徒から「なぜ禁止なの？」と声が上がり、校長先生が「それなら、学校生活に必要かどうか調べてみたら」。生徒たちが出した結論は「ふだんの生活には必要だけれども、学校生活には必要ない」だった。

それから先生がハンドブックを作らないかと声をかけて生徒の希望者が集まり、記事を書いて編集している。いかにも自分たちで調べて書いて編んだ、という感じの、手ざわり感と手作り感あふれるつくりだ。今回からは中学生も本づくりに加わった。

ケータイ・スマホの便利な点、問題点。トラブルの実例、いじめ、依存症から自分を守るにはどうしたらいいか。自分の言葉で書き、イラストや漫画もふんだんに盛り込まれていて、スマホ依存の体験談もある。健康・美容への影響の欄に「スマホ顔」があって、しわや垂れ下がった皮膚のリアルなイラストに恐ろしくなった。

なぜ参加しているのかなど聞いてみた。

角谷華さん(高1)「小学校の時に学校説明会でハンドブックのことを聞いてやりたいなって思って。勉強を教えてくれる学校はあっても、こういうことを自分たちでやる学校はないですよね」

松山結美さん(中3)「自転車をこぎながらスマホをしてる男の人がいて、危ないと思ってたらこけて頭を打った。それでスマホ事故について調べたんですが、共感したり納得したりして面白かった。自分の目で確かめ納得するのが力になる気がして」

吉田有伽さん(中3)「いろいろ調べると楽しくって。自分で動くことが大事だなと思いました。他の人が作ったのだと、ただ読んで終わっちゃいそうですよね」
◇

ちょっと前になるが、1月にあった立憲民主党の大阪府連の会合のこと。党員でもない老若男女、ごく普通の人たちが200人ばかり集まったそこでは、政治家のあいさつが終わった後、この種の会合としては非常に珍しいセッションがあった。

4人1組になり、「明日から私が地域で取り組みたいこと」「立憲民主を育てるためにできること」「立憲民主に期待したいこと」を話しあった。わいわいと盛り上がり、出てきた意見は付箋（ふせん）で貼り付け、政治家たちがそれを見てコメントしていった。最初の問いには、「マンションで花植えグループづくり」「地域のクラブ参加」「新聞に投稿」「周りに目を向け、変化があると人に話す」などの意見が出た。

なぜ「地域で取り組みたいこと」？

提案し、司会した早瀬昇さんは長年地域や社会の問題に取り組んできた。大阪ボランティア協会の常務理事など多くの市民団体で役員を務めているが、もちろん個人的な参加だ。「政党の主導でも政党に市民がお願いするのでもなく、日常生活で問題に気づき、自分で解決できるのか、それとも政治の出番なのか考えてもらえるといいと思って。みなさん楽しそうでしたよ。ほかの政党でも出来るといいですよね」

◇

二つに共通しているのは、社会や地域の課題解決を人任せにせず、自分で考えて動いてみようということ。そのほうがおそらく楽しくて、納得もできるのだ。学校でも一方的に先生から指導されるのではなくて、自分でまず考える。こういう習慣をつけていたら、大人になったときに社会との関わり方が変わるかもしれない。

政治や政治家は遠いものではなくて、日常の存在であり気軽に交流できる。普段着でいろいろな問題について話し合い、政治家も現場を知り、役割を分担しあえるといい。政治の基盤はこうやって変わっていくのかもしれない。

気分も湿っぽくなる季節だが、上を向いて、自分でできることを探しませんか。

★

金城学院の松山結美さんと吉田有伽さんに、再び話を聞いた。高校2年生だ。その後もハンドブック作りには参加したという。

松山さんは、ながらスマホの事故や、スマホ依存について書いた。「スマホ依存で失う大切なもの」には時間や睡眠や視力、これはわかるが「コミュニケーション力」ともあった。なぜなら「SNSでの社会運動と普通の会話はまったくちがう」

から。なるほど。依存症の診断テストもあって、やってみたところ私は「予備軍」だった。

ハンドブック作りに参加したことで、何か変化したことはありますか？

「自分でいろいろ調べて考えたから、ほかのことも自分で考えて納得してやるようになりました」

たとえば？

「スマホは1日1時間、今はコロナで家にいるから2時間以内って決めているんですけど、自分で考えて納得して決めたから、人から言われるよりも守ろうって思えます」

吉田さんはもともとデザインに興味があり、ハンドブックでもデザインやレイアウト、データやグラフなどを担当した。

参加して何がよかったですか？

「受け身じゃなくて、自分から動くことが大事なんだと気づきました。私、すごく優柔不断で人から言われないと第一歩が踏み出せなかった。でも、自分の軸となる考えを持つことが必要だとわかったんです」

これから、進学、そしていずれは就職、それから……未来に向けて選択をする場面が多くなる。

「そのときに、自分で考えることが大事なんだと思っています。携帯についてだけじゃなくて人生について学べたように思うんです」

大人のみなさん。考える場と動く機会があれば、10代は、自分でどんよくに学び取ってくれる。それは大人の想像の範囲をはるかに超えている。そう思いませんか？

初出：朝日新聞　2018年5月31日朝刊（ザ・コラム）に加筆

初心者向け議場で――「普通」の生徒の一歩が希望

模擬国連、というものがある。高校生や大学生が大使役になり、本物の国連の会議と同じように議論や交渉を行う。老舗の全日本高校模擬国連大会は今年で12回目。

活動がさかんな高校には模擬国連部もある。

その大会へ参加すること自体がかなり競争率が高くなってしまい、もっと裾野を広げようと昨年「全国高校教育模擬国連大会（AJEMUN）」が始まった。8月に東京で開かれ、全国から500人ほど集まった。こちらは応募者は皆、参加できる。

議題は「国際安全保障の文脈における情報及び電気通信分野の進歩（サイバーセキュリティー）」。高校生がこんなことを？ と思ったが、驚いた。各国の「大使」は合意形成に向け自らの意見を表明、主張し、譲り、説得し、多数派を作り、と動き回る。「EUどこ？」「カナダは？」。どんどん声を上げ、交渉する。たいしたもんです。

◇

ここからが本題である。この大会の特徴は、公募で集まった高校生が先生たちの助けを借りながら実務を担っていることだ。

実行委員長の札幌日大高校3年の尾先由崇君に話を聞いた。尾先君は海外経験が豊富でオーストラリアの大学に進学が決まっていて、「いかにも」の経歴だ。昨年から実行委員で、老舗の大会の出場経験もある。彼はこう言った。

「そっちの大会は本当にすごいです。練習を重ねた東京の中高一貫の子たちが多くて先生同士も知り合いで。何て言うか、もうコミュニティーができているというか」

でも、と尾先君は続けた。

「もっとみんなが気軽に、野球とか吹奏楽みたいに楽しく参加できないかなあって思っていたんですよね。地方の普通の子もたくさん来ることができるような」

今年から、議場を経験者向けと初心者向けに分けた。先生の中には「初心者が経験者から学ぶことも多いのでは」と慎重論もあったが、尾先君が強く主張したという。

「去年は、せっかく来た初心者の子たちが経験者に圧倒されて何にもできなくて。活発に動き回る経験者と、あとはスマホしてたり……。で、分けたほうがいいなと」

私が見たのは経験者向けだったのだ。確かに首都圏の私立の参加者が多い。では初心者向け議場に行ってみましょう。いたいた、ちらほらとだが、地方の高校生。

そしてこちらは、先ほどとはまったく違う光景が広がっていた。議事はつっかえつっかえ、ぎこちない。意見もすらすら出てこない。どうしたらいいかわからなくなりストップしてしまい先生が登場、「こういう時には」とルールを説明していた。

◇

初心者議場にいた岐阜高校1年生の横井佐奈さんに声をかけた。イスラエル大使の役で、父が作ってくれたという同国国旗入りの名刺をくれた。高校の先輩が校内で模擬国連をしているのを見て、参加した。

「ふだん自分から意見を言うタイプじゃないので、最初は議論に入るのが大変で。だんだん、どうやったら相手に伝わるのかがわかってきて、楽しくなりました」

どうやったら伝わりますか?

「相手の目を見て順序立てて、はきはきと話すことと、自分から行動すること。動かなきゃ何も始まらないって思いました」

2学期が始まった。これまで話したかったけどできなかった子に思い切って話しかけてみたという。「今までは、どう思われるかなって思って動けなかったけど、自分がこうしたいんだからいいやと思って」

横井さんは大会で、広島県の福山高校の西村百葉さんとラインを交換した。「東京の子が多かったけど、出会えたから。私たち田舎だよね(笑)、来年もここで会おうね、って約束しました。もっともっと準備して。リーダーシップも身につけて」。西村さんも、今までは人任せだった体育祭の準備に積極的に関わり始めたそうだ。

キラキラした最先端の高校生が活躍するのはもちろんすばらしい。けれど、もっと「普通」の生徒たちが刺激をもらって背中を押され、勇気を得て一歩を踏み出し、夢を持てたらとてもすてきなことだと思う。

ちょっと大げさにいえば、未来に希望を持てる気がする。横井さんも西村さんも、地元近くで進学したいそうだ。地域を、社会を変えていくのは彼女たちなのだ。

★

模擬国連で一歩を踏み出した高1の夏。横井さんは、そこで歩みを止めなかった。政治に関心を持ち、本を読み始めた。

模擬国連の翌年、高校2年生の春に統一地方選があった。地元岐阜でも市議選があり、思い切って候補者の事務所を訪ねてみた。

そして政治をもっと身近にしたい、と政治家にあだ名をつけることと、政治をテーマにしたカードゲームをつくる二つのプロジェクトを始めた。横井さんは5、6人が集まった「あだ名」チームのリーダーとなり、週2回、お昼休みに集まって少しずつ進めていった。

まずは地元岐阜選出の議員などにあだ名をつけた。（何とつけたかは、プロジェクトのウェブサイト https://seijihsskakehashi.wixsite.com/website を見てください）

「政治家さんの事務所に、写真を使わせてくださいと電話をしたとき、もう本当に緊張して。電話をとってくれた人は最初、え、高校生？ 何電話してくんの？ っていう感じだったんだけど、説明したら、おもしろいじゃない、って言ってくれて、写真も使わせてくれた。本人からお礼のメールももらって、本当に嬉しかった」

遠くてよくわからないと思っていた政治と政治家だったが、作業を通じて発見したことがあった。

「政治家に人間味を感じたというか。政治家も家族がいて、働いている一人の人間なんだなってわかりました」

といっても、プロジェクトはそう簡単に進んでいったわけではなかった。みんな、勉強もあれば塾もある。忙しい。人が集まらないこともあった。

「リーダーとかやったことなかったから、自分にリーダーはできるのかなあって。もうすごい迷って。自分を見つめ直したっていうか」

相当悩んだようだ。

「今でもリーダーってよくわからない。私は優柔不断でばしっと決められないし」

そんなときは、チームの中にいた決断力のある子に相談して、乗り切ることができた。

「すごい助けてもらいました。自分一人だけでがんばろう、では、できないんだとわかりました」

メンバーの意外な一面も発見した。カードゲームの発案者でリーダーになったのは、1年生の時に同じクラスだった男子だ。

「いつも静かだったから、何もしゃべらないタイプなのかと思っていたら、全然違った。まず先を見据えて目標の期限を決めて、そこから逆算して日程をすべて決めていって。あ、こうやればいいんだって」

カードゲームは、仮想の街を想定し、政治家と有権者がチームになって「学校が統廃合になって遠くなった」「水道の水が出なくなった」などの身近な街の問題を解決していく。小学校や中学校で使ってもらうことをめざしている。

彼女は確かに政治や政治家について学んだ。でも、それだけではない。もっともっとおおくのことを自分のものにしている。

自分が変わるだけではない。彼女たちは確実に、地域や社会を変え始めた。

初出：朝日新聞　2018年9月13日朝刊（ザ・コラム）に加筆

亡きあとの世界に——未来をつくるプレゼント

佐治恵子さんは1946年に生まれた団塊の世代だ。ショートカットにローズピンクの口紅が華やかだが品を感じさせる。

大学を卒業後、職業を持って自立したいと広告会社に就職、24歳で結婚した。「別にキャリアをめざしていたわけではないけれど（笑）」、あの時代の女性としては珍しく外資系企業を中心に仕事を続け、子どもはつくらなかった。

50歳を過ぎたころ、夫が体調を崩して、世話をするため退職した。その夫が亡くなった2008年ごろからNPOなどに寄付を始めた。「自分の人生を振り返ったら、高度成長でお給料がどんどん上がる時代を経験して、このままだと食い逃げっていうか、次世代に何か残せないかなと思って」

東日本大震災の後、NPO「カタリバ」が、被災した岩手県大槌町で小中高校生の放課後の居場所を作った、という記事を見て寄付した。するとカタリバから「見学に来ませんか」。とても良い活動だと実感し、現地スタッフの住む家にも案内されたが、すきま風が吹き込む古家。脱衣所の扉が閉まらず、風呂場には虫（巨大なカマドウマ！）が入り込む。くみ取り式トイレの床も腐って抜けそうだった。

「直さないの？　と聞いたら、見積もり出したら200万で、お金なくて……っていうから」。その分を寄付した。「あー、これでやめる人が少なくなる」と言われた。寄付をしてくれる人は「被災した子供たちに」ということが多く、どうしてもスタッフは後回しになっていたのだ。

ある時、海外旅行をすることになり遺書を書いた。「飛行機が落ちたら死ぬかもって思って」。遺書の中には、自分の残すお金の寄付先としてカタリバも指定した。「被災で苦しんだ子供たちに手をさしのべる若者がいて、それをまた助ける人がいれば、良い循環がずっと続きますよね」

◇

佐治さんのような、自分の遺産の「遺贈寄付」。制度自体は昔からあるが、最近この言葉をNPOのリーダーたちから聞くことが、ぐんと増えた。「お一人さま」や子を持たない世帯も増えて、縁の薄い親族に自分のお金が行くよりはということなのだろうか。

佐治さんが震災をきっかけにカタリバに目を向けたように、11年以降、日本人の寄付の水準は上がっている。日本には寄付文化がないなどと言われがちではあるが、災害で寄付が少し身近になったのだろう。しかもクラウドファンディングが隆盛なように、明確な目的と志には人はお金を出すのだ。

日本盲導犬協会の吉川明専務理事も「大震災の後に遺贈寄付は明らかに増えた」という。ただ寄付するのではなく盲導犬の訓練所を生前に見て、これなら、と納得して決める人が増えているそうだ。英国や米国の盲導犬協会では、収入に占める遺贈寄付の割合が半分を超える。

「国境なき医師団」も震災の後に遺贈寄付は増えており、最近では毎日2、3件は遺贈寄付の問い合わせがあるそうだ。1万円から、多くなると数億円。遺産を相続した人からの寄付も入れると昨年は97件、今年は100件を超えそうだという。

といっても全体のボリュームはまだ多くない。日本総研の推計では相続資産額が平均的に見積もって年37兆円。財務省によれば13年の遺贈寄付は41億円、相続人が寄付した遺産まで含めても300億円だから、ケタがまるで違うのだ。

◇

外は寒いけれど、クリスマスや歳末助け合いなど、温かく優しい気持ちになって、誰かに何かをしてあげたいと思うことの多い12月。NPOや企業、国際機関などが集まって「寄付月間」と銘打ち、さまざまなイベントを行っている。今年の合言葉は「欲しい未来へ、寄付を贈ろう」。

なるほど、寄付は未来への投資というわけだ。となると遺贈寄付というのは、あなたや私がこの世から消えてもそれで終わりではなくて、まいたタネが芽吹いて花を咲かせ、その後の世の中、未来の社会をつくっていく行為だということになる。

クリスマスには誰かにプレゼントを贈りましたか？　この季節、自分がいなくなった後の世界に思いをはせてみるのもいい。

★

カタリバにはその後も遺贈寄付の申し出が続いている。遺言書にカタリバの名前を書いてくれた人もいたという。代表理事の今村久美さんをはじめ、カタリバのスタッフで、生前のその人を知っていた人はいない。

「子どもたちの居場所を作って、見守る私たちの活動を応援してくれるのは本当にありがたいこと」と今村さんは言う。

2020年に新型コロナウイルスの感染が大問題になった。学校が突然休校になり、カタリバは急きょ、家にいる子どもたちのネット上の居場所として「カタリバオンライン」を始めた。これまで東日本大震災をはじめ、災害の場で何度も支援活動の経験があり、今回もいわば災害と同じだと感じたからだ。災害の避難所では、朝から晩まで親子が顔をつきあわせて過ごす。不安な気持ちで怒りっぽくなり、子どもにあたることが増え、子どもは子どもでゲーム漬けに……。

「そんな例をさんざん見てきたので、今回そうなってはならないと思って」

休校が発表された翌週には開始。規則正しい生活を続けるため、毎日必ず朝と夕にはホームルームの「サークルタイム」があり、昼間には折り紙や書道、チアダンスや筋トレ、英語などの数百のプログラムが用意され、夕方には「クラブ活動」もあった。

キルギスやモロッコといった、ふだんなかなか交流が難しいようなところも含む30カ国を超える世界の子どもたちと交流できる時間。子どもたちの自主企画もあり、たとえば「中学生が教える歴史上の偉人講座」「ウルトラマンについて語ろう」なんていうものもあった。学校が徐々に再開し始める6月1日の前日、5月31日まで連日休みなく続いた。6月以降も形を変えながら続いている。

急なことだったから、手伝ってくれるボランティアスタッフを大募集、応じてきた人の中には、かつてカタリバの催したイベントに参加した、いわば「卒業生」もいた。

阿部愛里さんは気仙沼出身で、かつて高校生の時にカタリバの主催するイベントに参加した。その後上京して、カタリバの理事が経営する企業で働いたうえで大学に進学。2020年の春から社会人になった。

カタリバオンラインを始めると聞いて、学生生活最後の一カ月をそこにかかわることにした。プログラムを設計し、オンラインが始まって、子どもたちから「こんなことをやりたい」という声が挙がると「作戦会議」を開いて「やってみなよ」と促した。そうやって実現したプログラムには「音楽演奏会」や「防災ポーチを作ろう」などがある。

これは、かつて高校生だった愛里さんがカタリバの大人たちにしてもらったこと……「自らやることはいいこと」と応援し、励まし、背中を押す……と同じだった。

学校の再開が近づいたある日、今村さんはカタリバオンラインを利用した子どもの保護者から、こんなメールを受け取った。

「息子が将来、このようなボランティアスタッフになって活動することをひそかに願っています」

カタリバは子どもたちの居場所を作り、人と人とのつながりや関係をつくっていく場だ。そのカタリバを自分が亡くなったあとも応援したいと思う人たちがいて、その思いを受け継いでカタリバは活動を続け、子どもたちを支援する。そしてその子どもたちが成長したとき、また何らかの形で次の世代を支援していく――。

「これって優しさの循環ですよね」今村さんは言う。

思いは確かに受け継がれていく。

初出：朝日新聞　２０１８年12月27日朝刊（ザ・コラム）に加筆

若者よ動こう、社会は変わる

今春の統一地方選でのこと。専修大学3年生の高橋恭平さん（20）は東京の区議選候補者のもとでインターンをした。ビラ配りをしていたら、多くの大人から「何でやっているの」などと話しかけられた。他の陣営が「あそこは学生がいて若いエネルギーにあふれ、かなわない」と言っていたとも聞いた。「若い僕らが応援しているだけで注目される」。そう感じた。

政治への関心から、若者の政治参加を促すNPO「ドットジェイピー」に参加。選挙の体験もしてみようと思ったのが、インターンのきっかけだった。「若者は、動くしかないじゃないですか」

今回の参院選は、選挙権年齢が18歳に引き下げられてから3回目の国政選挙。しかし、若者の投票率は高くない。2016年参院選の投票率は全体が54・7％なのに、10代が46・8％で20代が35・6％。17年衆院選では全体が53・7％で、10代が40・5％、20代が33・9％にとどまった。

背景には、投票してもどうせ変わらないという無力感がないだろうか。内閣府が

13年度に行った日本など7カ国の若者（13〜29歳）の調査で、「社会現象が変えられるかもしれない」と答えた割合は、日本が最も低い30％だった。

本当に変えられないのか？　勇気を持って一歩を踏み出せば、何かが変わるかもしれない。

岐阜県立岐阜高校2年生の横井佐奈さん（17）は今春の統一地方選の際、学校近くにあった候補者の事務所を友人と一緒に訪ねた。前から選挙に関心があり、思い切って連絡してみると、対応してくれた。選挙後には別の政党の市議にも面会。友人の父の紹介で衆院議員にも会えた。

「政治って遠くて難しくてわからないと思っていたけど、そうじゃない。身近なことだとわかりました」

動くことが楽しくなり、これからも続けようと思う。

政治の側も若者に近づきたがっている。各党はSNSでの発信を強めるなど、若年層取り込みに工夫をこらす。

若いというのは、それだけで特権だ。とりあえず動いてみれば、大人も刺激されて応援してくれるだろう。

若者よ、動こう！

★

さて、彼らのその後はどうなっただろう。

横井さんのめくるめくような活動は、また別のところで紹介するとして。

高橋君は、コロナ騒動のなか、就活をし、無事内定した。商社の営業をするそうである。

その後、学校やサークルで政治の話をすること、ありました？

「あ、たまにはありましたよ。後輩が、××党とか嫌いっす、なんて言ったとき、実際に話してみないとわかんないよー、って言ったりとか」

なんでそう思ったんですか？

「なんだろう。ニュースって二次情報じゃないですか、自分で直接確かめてるわけじゃないですよね。そういうことを感じるようになりました」

選挙活動の応援をしたことと関係ある？

「あ、ありますあります。周りは大人ばっかりだったから、建前と本音ってあるんだなとか……」

私は思った。選挙活動とは、ある意味究極のリアルかもしれない。ビラをくばって、人に話しかけて、無視されて、迷惑そうな顔をされて、時には励まされて。人と人との生のコミュニケーションであり、握手をして、文字どおり「手応え」を感じる。彼は強烈なリアルの洗礼を受けて、自分の目で確かめることの大切さを身体でつかみとったのかもしれない。

感じやすく、繊細で柔軟な若い時の経験は、深く自分の中に刻み込まれる。自分自身を振り返ってもそうだ。20代前半の鮮烈な記憶は、その後の人生の指針となりうるのだ。30年後の彼もきっとそう感じている、と思う。

初出：朝日新聞　2019年7月15日朝刊
「参院選の投票を前に　若者よ動こう、社会は変わる」に加筆

第3章

中国と韓国の社会的企業

——接近するビジネスと公益

介護ロボットなどを開発する
AI技術者で起業家の
黄剣峰（ファン・ジェンフォン）さん
©朝日新聞社

山火事の被害を受けた人たちと仮設住宅で話す
A-PAD韓国の李将雨（イ・チャンウ）さん
©朝日新聞社

スピードで変化を実現――中国の課題解決に社会的企業ブーム

格差問題や教育、医療、環境と課題が山積する中国で、この数年、社会的企業が注目されている。民間の社会的な活動への規制や当局の監視ばかりが報道され、実際そうなのだが、社会に役立つことをしてお金も得たいという若い世代の取り組みは急成長している。

都市と地方の格差や農村の貧困問題、教育、医療、環境など中国には社会課題がてんこ盛りで、政府の力だけでは対応しきれない。しかも経済的に豊かに育った若い世代や、ビジネスで成功して第二の人生では社会課題の解決に取り組みたいという層がいる。ネットなどのテクノロジーを駆使しているのも特色だ。

北京で6月に開かれた社会的企業・投資フォーラムは今年で3回目になるが、全国各地から1千人が集まり、多くのセッションが開かれて大盛況だった。イタリアの研究者や南アフリカの社会的企業・投資家も招いて、国際色も豊かだ。

セッションで発表した喬《チャオ》克《コー》氏（38）は、医療互助組織である「衆《ジョン》托《トー》幇《バン》」を昨年立ち上げた。モバイルを利用した安価な民間保険のイメージ。河南省出身で西安の大学の修士号を得た後、民間の大手保険会社でキャリアを積み、昨年起業した。

中国では公的保険があるものの、必ずしも全ての傷病をカバーしきれていない。民間の保険は高額で入れない人たちも多い。そこで定額の会費を出し合って、いざ病気にかかったら、お互いに支え合う仕組みをつくった。「公的保険と商業保険の空白を補うもの」だという。

年齢別などで四つのタイプがあり、入会するには最初に10元（約170円＝当時、以下同）払う必要がある。誰かが病気になったら会費から引かれるが、1人で1回に負担する額は3元以内で、病気になったら最大で30万元（約510万円）の保障が受けられる。手続きはすべてモバイルだけで済ませられるシステムだ。

2016年7月にサービスを始めてまだ1年ほどだが、すでに会員は800万人を数えるという。中国にはこの種の「モバイル保険」が今多く出ており、中には詐欺まがいのものもあるというが、「衆托幇」ではすでに三十数件保障したケースがあるとか。28歳の男性は、肺がんの一種であることがわかり、30万元が支払われた。

起業するにあたっては1億元（約17億円）の投資を受け、今はまだ赤字だが、19年には黒字化する見込みだという。

喬氏は「ビジネスの本質はお金もうけではなくて、社会課題の解決だと思う。中国では貧困に悩む家庭が多いが、病気が原因のことも多い。そういう家庭を救いたい」という。

女性の企業家もいる。

楊暘《ヤンヤン》さん（30）は、黒竜江省出身だ。故郷の大学を出てから北京で金融やネット企業で働いた後、15年に「億人幇《イーレンパン》」を起業。昨年からサービスを開始した。「ネットを使ってビジネスと公益をつなぐプラットフォームをつくりたい」といい、すでに中国のネット通販最大手アリババグループの個人通販サイト「淘宝網《タオバオ》」と組んでプロジェクトを実施した。

自閉症やエイズ患者の支援に取り組む団体とも連携し、タオバオのサイト上に団体の活動内容を載せる。団体のサイトに飛べば、寄付も可能だ。「タオバオにとってはイメージもよくなるし、ユーザーのタオバオサイトの滞在時間も長くなるメリットがある。団体にとっては、知名度が上がり、寄付ももらえるかもしれない」(楊さん)

今後は検索大手の百度《バイドゥ》とも組む予定だという。ただ、ビジネスモデルをつくることが優先で、まだ収益は得ていない。

なぜこの世界に入ったのか。

「困っている人を助けたい。単なる寄付ではなくて、イノベーションを起こして持続的にできるようにしたかったから。他の人の幸せが自分のエネルギーになる」(同)

だが、企業で順調な道を歩んでいたのに、それを捨てるのは勇気がいったのでは、とたずねると「ものすごく勇気がいりました。実際に起業してもビジネスよりつらいし、壁がいっぱい。お金ももうからないし、嘘をついているのではと疑われることもあるし、本当に疲れる」。

それでもなぜやるのかといえば、「自分の能力を使って社会に活力を与えたい。

それが自分の価値だし、自分のやっていることの価値が社会の価値になると思うとうれしい」という。

中国の変化のスピードは速い。社会的企業を取り巻く環境もものすごい勢いで変わりつつある。社会的企業が中国の社会を変える日が来るかもしれない。

☆

徐永光《シュイヨンコワン》氏（68）は1988年から、中国人なら知らない人はいない、貧困地域に小学校を建てるプロジェクト「希望工程」を始めた、いわば「元祖社会起業家」だ。徐氏は、もともと中国共産党青年団の部長という異色の経歴を持ち、党幹部にも人脈を持つ人物だ。徐氏に話を聞いた。

——若い人で、社会的企業やNPO活動に関心を持つ層が増えているようです。

若い人たちは柔軟で新しいことを受け入れやすいですからね。女性が多いのも特徴です。

——それは社会全体が豊かになったからでしょうか。

そうですね。ネット経由で寄付している人のデータを見ると、大部分が若者です。

社会的企業・社会投資フォーラムの参加者を見ると20～30代の若者で、親が50～60代の人が多い。彼らは親がお金を持っているわけですが、それをただ単に受け継ぐのではなくて、自分なりの道を行きたいと考えています。ITなどのテクノロジーを使って、イノベーションを起こしたいのです。

――この流れが続くにはどうしたらいいのでしょうか。

カギはビジネスや投資、市場がこの世界にどれだけ入ってくるかです。私は7月に本を出しましたが、タイトルは『公益向右　商業向左』です。すなわち、公益活動はビジネス化し、一方で、もともとお金や効率を重視するビジネス（商業）も公益を視野に入れるようになる。両者は接近するということです。最終的に融合するのではと思っています。

――中国政府は昨年、慈善法制定と同じ時期に、中国国内で活動する人権系などの海外NGOを規制する法律も作りました。しかしこうやって社会的企業やNGO／NPOが活動しているといずれは体制変革につながるのではないですか。

政府は海外のNGOに自分たちの体制を乱されるのではないかとすごく警戒し、敏感になっています。でも一つ言えるのは、NGOやNPOの発展で社会を良くできるということです。ビジネス、NGO／NPOのような公益、そして国という三つのセクターがバランスよく発展して社会が文明的に良くなっていきます。もし一つの椅子を三つの脚で支えるとしたら、バランスよく作らなければ座っていられませんよね。今の三つのセクターは、政府が象の脚、ビジネスは牛の脚、NGO／NPOはニワトリの脚にもなっていない状態です。NGO／NPOが成長しなければ、社会は良くならないのです。

シュイ・ヨンコワン……中国共産党青年団部長を経て、中国青少年発展基金会の設立に参加、88年に「希望工程」を始める。2007年に南都公益基金会を設立、理事長に。今年7月に中国で著書『公益向右　商業向左』を出版。

★

さて、彼らを取材してから3年以上がたった。変化の速度が激しい中国で、その後どうなっているのだろうか。

喬克氏は今でも「衆托幇」のCEOだ。事業は成長し、保険の種類も増やし、900あまりの個人や家庭に計7000万元（約10億6000万円）以上の保障を提供したという。徐永光氏も南都公益基金会の理事長を続けており、精力的に活動している。今力を入れているのが、地方から都市部への出稼ぎ者（農民工）の子どもたちの生活や教育環境の改善だ。この事業は、かつて徐氏が中心となって行い、中国全土で非常に有名な「希望工程」の続編、「第二の希望工程」とも呼ばれているのだという。

対照的だったのが楊暘さんだ。SNSによれば、彼女自身は大手の保険会社に勤めて活躍しているようだったが、彼女の起業した「億人幇」のウェブサイトはすでに閉鎖されていた。目を輝かせて「困っている人を助けたい」と熱く語っていた彼女。いつかまた、中国に行った時、彼女と会って話してみたい。

初出：AERA　2017年8月28日号に加筆

個人の体験が進歩を後押し——中国テクノロジー、日進月歩の原動力

「いま、中国では9割以上の老人が自分の家で最期を迎えています。彼らは老人ホ

ームには行かない。でも子どもたちは外で仕事をしています」

ＡＩ技術者で起業家の黄剣峰《ファンジェンフォン》さん（39）は２０１８年６月、中国のシリコンバレーと呼ばれる広東省・深圳でプレゼンをしていた。黄さんはお年寄りのお相手ロボットである「康益三宝」（健康に三つの利益、の意）を開発中だ。

４回目を迎えた中国社会的企業・社会的投資フォーラムの一幕で、中国全土から起業家や投資家、ＮＰＯや財団投資家ら約千人が集まった。起業家が投資家らとの出会いをめざして次々と登壇し、売り込んだ。

利益だけでなく、社会貢献もめざす社会的企業。貧困や高齢化、環境など社会課題がてんこ盛りの中国では関心が高まっているが、今回の特徴はＩＴをはじめとするテクノロジーを利用した企業が非常に多いことだ。

毎年同フォーラムを取材しているが、中国ではテクノロジーの進化と定着が恐ろしく速い。一昨年はウィチャット（中国版ＬＩＮＥ）がなければ取材に支障をきたし、昨年は食事の「割り勘」もスマホが当然になっていて、今年は市場で買い物をするのに現金を出したら驚かれた。

社会的企業もテクノロジーも、社会変革の最先端をいくという意味では共通しており、親和性があるのかもしれない。若い世代が両者を組み合わせ、どんどん起業している。黄さんの取り組みも、単なるロボットやＡＩではなく、あくまでも「お年寄り向け」である点が特徴だ。なぜお年寄り？

「両親が出稼ぎをしていて、おばあさんに育ててもらったんです。大学の時に亡くなったんですが、何も恩返しができないままにそばにいてあげられず、すごく悔しかった。こんな思いを他の人にさせたくない」

アリババなどの技術者を経て２０１５年に起業、昨年の9月に初試作品ができた。ロボットは目など顔の表情もあり、会話もできる。血圧計測や一緒にダンスすることも可能だ。24時間モニターし、万一の時には病院につながり、医師らが駆けつけるという。

経済も拡大中の中国は、商機があると見れば投資家は寄ってくる。15年まで一人っ子政策をとっていたため、日本同様に少子高齢化が深刻だ。黄さんの事業にもフォーラムだけで1千万元（約1億6千万円）の投資が決まった。今年中には商品として発売したいという。

同フォーラムでブースを構えていた魏文鋒《ウェイウェンフォン》さん（42）は、室内のホルムアルデヒド濃度を一般の人も簡単に測定できる機器を貸し出す「老爸評測《ダディラボ》」を立ち上げ、経営している。

化学物質による住宅建材の汚染が問題になっていたことが起業のきっかけだ。どこで測定しているかリアルタイムでわかるアプリも開発し、ユーザーが測定値も公開している。これまでに測定したのは4万7千部屋以上で、うちホルムアルデヒドが基準を超えていたのは2万2千以上あったという。

独自の安全基準をクリアした日用品、家具、食料などのネットショップも経営する。魏さんは、政府のエンジニアやヨーロッパへの輸出産品の検査コンサルタントを経て2015年に独立した。「前職ではお金はもうかったが、それだけでは面白くなくて。子供たちの健康を守りたくて起業しました」と話す。

魏さんのように若くして成功し、後半生は社会貢献をしたい、という人は多い。有名なところでは、来年ビジネスから引退すると表明しているネット通販大手アリババ集団の創業者、馬雲《マーユン》（ジャック・マー）氏もそうだ。

北京の北西部、北京大学や清華大学の近くにある中関村地区。ＩＴ企業が集積して北京のシリコンバレーとも呼ばれる。今年3月に北朝鮮の金正恩《キムジョンウン》朝鮮労働党委員長が視察した場所だ。

その一角に創業大街（英語でZ-innoway）と呼ばれる所がある。200メートルほどの通りで、もとは本屋街だった。それが今では政府の方針もあって生まれ変わり、インキュベーション施設やW・i・f・i完備のカフェ、投資機関の窓口やシェアオフィスなどが立ち並ぶ。ここで若い起業家がアイデアを練り、ネットワークをし、製品を開発している。

カフェの一つ「十月」は5月にオープンしたばかり。オーナーの鄧欽《トウチン》さん（23）は開店時はまだ大学に在学中だった。

ずっと起業に興味があり、大学入学以来授業にはまともに出ず、ＩＴ企業やベンチャーなどでインターンを重ねてきた。その中で、「オンライン出版や宣伝のためのブックカフェを手伝ってもらえないか」と北京の老舗の出版社に声をかけられ、願ってもないチャンスだと同級生4人と引き受けた。「十月」はその出版社の看板雑誌の名前だ。

大きな書店だった場所をリノベーション、店舗デザインも自分たちでやった。24時間営業で、夜にはお酒も出す。平日はこのあたりの起業している若者たちが仕事をしに、週末には40代の人たちが懐かしがって本を読みに来るのだという。「まずは経営を安定させて、すべてはそこから」（鄧さん）

★

介護ロボットを開発していた黄さんのその後はめざましい。経営する会社は3年連続前年比600％の成長を続けているという。

介護ロボットのみならず、病院ガイドロボット、消毒ロボットなども開発、コロナ禍で売り上げを伸ばしている。コロナ禍が広がっていた2020年始めには、これまでの介護や医療事業で培った海外の取引先を通じて医療用マスクや防護服、防護めがねや赤外線体温計などを入手、深圳市や病院、財団などに寄付をしたのだという。

魏さんのダディラボも順調に業績を伸ばし、ネットショップも盛況のようだ。

創業大街は、コロナ禍でやはり一時は全く人手がなかったそうだ。カフェを経営している鄧さんが教えてくれた。ようやく最近少しずつ、人が戻ってきたという。

なので、カフェも苦戦。それまでは24時間営業で開け、夜は大学生のミーティングや勉強会、読書会などのイベントを開いて精力的に活動していたが、コロナで人が外出できなかった間はオンラインでウエブデザインなどのスクールを運営した。ようやくカフェが再開できたので、これからはまたこちらに力を入れたいという。コロナ以前には、老舗の出版社と今風の、若い人が全て内装も自分たちでやったカフェの組み合わせが面白いと、起業コンテストで賞も取った。

中国は社会課題が多い。だが、それに取り組もうという人も山のようにいる。日本もそうだが、中国にも鄧さんのように大学を卒業して最初から起業、という若者が増えているようだ。おしゃれでセンスがよくて、経営マインドもある。そもそも取材の時に「十月」に入ったのも、取材で歩き疲れてカフェを物色していて、かわいらしい内装にひかれて偶然入ったからだ。席に座って出てきた水には、薔薇のつぼみが入っていたのも忘れられない。五年後、十年後の彼らが楽しみだ。

初出：AERA　２０１８年9月24日号に加筆

中国の社会起業家

中国の社会起業家には女性もいる。易昕《イーシン》さん（33）がIT営業支援会社「霊析《リンシー》」を12年につくったのは、08年の四川大地震がきっかけだ。ラジオ局に勤めていたが、復興支援のボランティアに出かけた。そこで出会ったボランティア組織の人事や資金管理がアナログなのに驚き、ITを活用すれば組織管理や運営も効率的にできるのでは、と起業を思い立つ。中国のNPOや財団向けに営業支援やデータベース構築のITソフト作成、コンサルティングを行っている。

13年にアマゾンのエンジニアだった大学の同級生2人を誘って起業した。アマゾンにいるのに何も起業しなくても……というのは旧世代の感覚で、「大きな会社では自分の出来ることに限界があるので。能力を発揮してやりがいがあることをやりたいから」。

ターゲットは非営利組織に絞っているが、今や利用者数は5万人を超え、スタッフは30人だ。「ジョウリンホウ（90後、90年代生まれの意）」ばかりだという。

易昕さんのように、震災を契機にボランティアに参加した人は多い。日本で19

95年の阪神大震災が「ボランティア元年」と呼ばれたのとよく似ている。

意外なところで日本と縁のある社会起業家にも出会った。

「食」だ。2008年の「毒ギョーザ事件」をはじめ、日本では中国産の食材に不信の目が向けられることが多いが、中国でも近年、食の安全は深刻な社会問題と受け止められている。そこで注目されたのが有機農業の先進国・日本だった。

公害や環境汚染が深刻化した1970年代以降、日本では農家から消費者への直販や、生協などでの有機野菜取り扱いが進んだ。環境保全と密接に結びついた食材のあり方は、日本が中国に教えることのできる代表的分野の一つ。有機農業を媒介とした日中の結びつきが深められてきた。

北京市内で毎週のように有機食品のマーケット「有機農夫市集」が立つ。色とりどりの野菜や果物に肉、手作りのお茶やチーズ、蜂蜜やジャム。農家が自分たちの畑から直接持ってきて販売する。値段は普通のスーパーの倍以上で、10倍近いものもある。が、物質的な豊かさに囲まれて育った都市部の若い世代は、食の安全に関心が深く、それだけの出費もいとわない。

このマーケットを始めたのは、実は北京に住む日本人女性だった。2010年のことだ。その後、中国人の常天楽《チャンテンラ》さん（39）が受け継いだ。今では他に常設の店舗も二つ経営する。

常さんは昨年、日本を訪れ、有機農家や消費者グループを訪ねた。「日本では農家や消費者がネットワークをつくり、お互いに助け合うシステムを作っているのが面白い。そういう仕組みを学びたい」と語る。生協の仕組みにも関心があるのだという。

★

さてその後の2人はどうなったかというと。易昕さんはなんと今、南イタリアのレッチェという街に住んでいる。イタリア人の男性と結婚したからだ。取材をしたとき「夢は35歳までに結婚すること」と笑っていたのだが、それを実現したことになる。

出会いは2016年、アメリカのニューヨークだった。アメリカのNPOを視察に出かけた旅で、ニューヨークで泊まったホテルのエレベーターでたまたま一緒になったのが今の夫だった。社交辞令的な挨拶を交わし、翌日朝食を取りにレストランに行くと、その男性が1人で座っていた。彼女も1人だったため、一緒に朝ご飯を食べ……というところから交際が始まった。夫はワインビジネスをしていて、そのためのアメリカ出張だった。

帰国後もひんぱんなメールのやり取りが続き、2018年末に結婚。1年間は遠距離で、2019年11月にイタリアに移住した。

もちろんビジネスも順調で、もともと彼女が中心になって経営していたのだが、今は共同創業者が核となって経営し、彼女は顧問をしているのだという。コロナ禍では1億元（約15億円）の寄付を募り、顧客のNPOや財団に配分した。

中国に住んでいる知人に、「中国の若い人は20代で猛烈に働いて成功して、35歳で半ばリタイアして好きなことをするのが理想」と聞いたことがあるが、もしかしたら易昕さんもそれを地でいっているのかもしれない。ポジティブなエネルギーにあふれている彼女、この後も何か展開がありそうだ。

常天楽さんもマーケットを続けている。コロナ禍のために長くマーケットも開けなかったが、ようやく当局から許可が下り、再開できた。めちゃくちゃ多忙な日々という。マーケットでは、自らソフトクリーム機を持ち込んで売り、人気らしい。

チーズ味に杏仁味、リクエストに応えてマーケットで売っている果物を練り込むこともできるそうだ。ゴミを増やさないよう、容器は客が持ち込むのだという。

常天楽さんのマーケットで買った、黄色い金梅草という花を乾燥させたお茶は安くはなかったが、とても美味しかった。あのお茶ならばファンがいると思う。私もいつかまた買いにいくつもりだ。

中国のNPO

社会的企業とNPOは、組織の形態や法人格は違うが、どちらも社会課題の解決をめざして公益的な活動をする存在だ。中国でも1980年代から、日本のNPOや社団・財団法人にあたる非営利組織の制度が複数作られており、合わせて「社会組織」と呼ばれる。2017年現在、社会組織の総数は80万を超える。ただ、設立要件は厳しく、政府と関係の強い「官製NPO」というべき団体も多い。そこで、社会組織ではなくて企業（＝社会的企業）など他の組織の形で社会課題に取り組む団体も多い。

中国政府は、海外とつながるNPO・NGOへの警戒感も強く、16年には「海外

NGO管理法」ができた。一方で公益的な活動に関する初の総合的な法律である「慈善法」もでき、硬軟両様の姿勢だ。慈善法に基づく法人格を持ち、寄付を募ることができるなどのメリットを持つ「慈善組織」は2020年には5千を超えた。

駒沢大・李妍焱《リヤンヤン》教授（市民社会論）

中国に限った話ではないが、市民社会の機能を三つあげるとすれば、第一に理念と価値の提唱と公論の形成。第二に具体的な社会課題解決のためのツールやアクターとして、第三に社会関係資本を豊かにする場として、すなわち人と人とのつながりを作る……ということが挙げられる。

中国の市民社会が最もフォーカスしているのは、このうち二番目の機能だといえる。もちろん三番目の機能も部分的に体現されているが、難しいとされるのはやはり一番目になる。「サステナビリティ」「格差是正」などのようなみんなが認める理念と価値の提唱は容易だが、敏感とされる領域においては、やはり正面からではなく側面からのアプローチでなければ困難だと思われる。

二番目の機能を提供するのが社会的企業やNPO、NGOだが、中国の社会的企業の活動を担っているのは、「80後、90後世代」などの若手だ。これは社会が激しく変動する時代の中、さまざまな課題に若者が敏感に反応して行動を起こす点で、日本の高度経済成長期と比較できる。

加えて中国の若者世代は、物質的な豊かさが急速に拡大し、ネットでの自己表現が簡単にできる時代に育っている。激しい競争の中で、自分に付加価値をつける意味でも、競争と関係なく自分らしく生きるという意味でも、公益的な活動に魅力を感じやすい。

また、成功した起業家も基金会と呼ばれる財団を作って、大々的に社会貢献活動をしている。アリババの創業者のジャック・マー氏は典型だし、ウィチャットのテンセントもそうだ。例えば、テンセント基金会はネット寄付キャンペーン「99公益日」を行い、「寄付集め」のみならず、一般の人が日頃から公益活動に関わるためのアプリの開発・普及や、公益的な活動に関わる企業の巻き込みも行っている。

中国では、「布局」といって、囲碁のように全体の戦略をどう描くか、大局をどう見るかを重視する。社会起業家たちも公益的な領域全体の設計や仕組みづくりをどう発展させていくかを意識している。

初出：朝日新聞　２０１８年11月５日朝刊
「中国の社会的企業　若手起業家、世のために」などに加筆

新型コロナ、日中韓の国境を超えた民間協力

自然災害、感染症。突然やってくる非常事態にどう対処するか。政府が全てやってくれる、というわけにはいかないことを私たちは知っている。ならば民の力をどう生かすか。言うまでもなく普段からの備えが大事だし、できれば国境を超えて、お互いに助け合えればいい。それを実践している人たちがいる。今回の新型コロナウィルス問題でも。

「ARROWS」は、大規模災害などの時に救命・救助活動を行うプロジェクト。発足は2019年だが、これまでに災害救援で実績のある複数のNGOが核となっている。普段から災害に向けて人員や物品を準備し、国境を超えて助け合えるようにネットワークを構築している。登録している医師や看護師は他の組織にも所属し、緊急時にだけ集まる。

今回の新型コロナウィルス感染でも、さっそく力が発揮された。中国で問題が大きくなり、マスクや防護服が不足していた1月27日と31日、マスクやグローブ、防護服、採血セットや止血圧迫帯など合わせて約400キロ以上を、さらに2月5日

には1トン分を提供。いずれも国内災害用に備蓄していたものだった。この時点では日本国内での問題はまだ深刻化していなかった（ダイヤモンドプリンセスの下船客に感染者がいたことを香港政府が発表したのが2月1日だ）。

中国の支援よりも日本が大事なのでは、という批判もその時点であったが、中国をできるだけ初動の時点で食い止めることが日本ひいては世界のためにもなるという判断での支援だった。この間、大連市から防護服の支援要請が日本の友好都市に出されたとの情報も得て、同市に防護服200セットも提供した。

その後、日本で問題が大きくなったのはご存じの通りだ。しかし依然として中国でもおさまらない。ARROWSの参加団体ではマスクをもう100万枚備蓄していたため、50万枚を日本の医療機関に、そして50万枚を中国に提供した。

その後、中国では生産が追いつき、日本ではマスクが足りない状態に陥った。今度はARROWSの活動を知った中国人の篤志家から連絡が来て、日本にマスク4万8千枚が贈られたのだという。その他にも個人や団体、業者から3万枚ほどの寄付があった。ガウンやグローブなども寄付された。また、日本から送った物資の受け入れ先だった中国のNPOも、日本のために今募金活動をしてくれている。大連市からも「疫病は一時的で、友情は長続きします」と記されたお礼状が届いた。

ＡＲＲＯＷＳの構成団体の一つが災害救援の国際ネットワーク、Asia Pacific Alliance for Disaster Management（Ａ－ＰＡＤ）だ。Ａ－ＰＡＤは日本、韓国、インドネシア、バングラデシュ、フィリピン、スリランカというアジア太平洋６カ国のＮＧＯのネットワーク。ふだんから交流して災害援助の仕組みを整え、どこかの国で災害が起こったら駆けつけて救援にあたる。

今、日本と韓国は政府レベルで依然として関係が良くない状態が続いているが、Ａ－ＰＡＤ韓国は日本と深いつながりがある。こういう時だからこそ、紹介したい。

Ａ－ＰＡＤ韓国の代表を務めるのが李将雨《イ・チャンウ》さん。李さんは東日本大震災をはじめ日本のＮＧＯで災害救援の経験が豊富で、その経験を韓国での活動で生かしている。

李さんはもともと途上国の開発事業に関心があり、韓国にやってきたフィリピン人労働者と一緒に住み、フィリピンに行ったこともあった。大学では日本語を学んでいたため、たまたま大学３年の時に、ソウルであったＮＧＯの国際会議で日本語通訳ボランティアとして参加した。そこで出会ったのが、Ａ－ＰＡＤ日本の代表理事で、国際支援のＮＧＯ、ピースウィンズジャパン（ＰＷＪ）の代表理事でもある大西健丞さんだった。

大西さんは李さんにＰＷＪが世界各国で活動し、イラクでは母子保健病院を設立、運営していることなども話し、よかったら日本にインターンで来ないかと誘ってくれた。

「ＮＧＯでもこんなことができる、というのは驚きだし、すごい魅力でした。ぜひ自分も経験してみたいと思いました」

ちょうど大西さんもＡ-ＰＡＤ韓国を作ろうと思っており、李さんのような人材を探していたところだった。

李さんは大学を一年休学することを決め、日本に渡り、ＰＷＪのインターンとなる。２０１１年２月のことだった。それから一カ月後、東日本大震災が起こり、李さんも震災直後に気仙沼に入る。物資を配布し、避難所にお風呂を設置した。

「電気もガスも水道も止まっているところで、お風呂なんてできるのかと思っていたら、自衛隊に依頼して川の水をくんでもらい、倒木を拾ってきて燃料にしてお風呂をわかすことができた。緊急支援の現場の経験があれば、一見不可能だと思えることも可能だとわかりました」

2012年にいったん韓国に帰国するが、大学を卒業して再び来日。日本に拠点を置きながら韓国にも月に1、2度出張してA-PAD韓国の設立を準備し、さらにはバングラデシュなど海外の事業も担当して現場での経験も積んだ。

A-PAD韓国は2016年に発足し、2019年4月に江原道で起きた大規模な山火事では初めて国内災害での対応を行った。山火事の起きた翌日夜に現場に入り、夜が明けると避難民をたずねてニーズを聞き取り、持ち込んでいた物資を配布することが出来た。

「日本での経験があったので、住民の必要なものや避難先も予測できて、スムーズに活動を進めることができました」

その後も、現地の主要産業である農業で作業を行うための長靴や、冬場には防寒用の布団なども配布した。

このような災害対応はNGOの力だけでは足りず、政府や企業などとの連携が必須だ。A-PAD韓国の最大の支援者が、ソウルにある視力矯正専門の大手眼科医院「B&VIT江南　明るい世上眼科」の代表院長、金鎮国《キム・ジングク》さんだ。同医院は韓国を代表する大手眼科医院で日本人も多く訪れるが、社会貢献への関心も強い。経済的に困窮している障害者や、公務員の中でも特に肉体的にハードな勤務である消防職員を対象に無料眼科手術を行ってきた。

眼科医院は山火事の時、眼科医院スタッフの社員旅行を現場の片付けのボランティア活動に変更。スタッフから寄付を募って家具の寄付もした。金院長は「私が指示したのではありません。スタッフが自発的にしたことです。社会貢献活動は自発性が大事ですから。病院も社会から育てられており、何らかの形で社会に還元することはとても大事です」と語る。また、院長は、災害救援の民間ネットワークについても「日本は防災体制が進んでいて、大震災を克服してきたノウハウがある。企業やNGOが国境を超えて東アジアで連携して、システム的に組織化して活動できるといい」と話す。

李さんも「自分は韓国人として日本のNGOで育てられたので、日韓の間の架け橋となって、これからも災害支援の活動を続けて行きたい」と語る。

コロナ禍でも、A-PAD韓国はもちろん活躍した。たとえばクラスターの発生した大邱市では、学校が閉鎖になったため、給食もなくなった児童を対象に3週間、5万食のお弁当を配布した。

そして、いよいよ年内にピースウィンズコリアが立ち上がる。共同代表の1人に金院長が就任するという。

政府間の関係ではいろんな波風や停滞があっても、ここでは民間のネットワークが確かに息づき、成長しつつある。それがいざという時、多くの人を助けている。

初出：朝日新聞GLOBE+ 2020年3月19日
新型コロナ、日中韓の国境を超えた民間協力 助け合いの積み重ねが力を発揮

社会的企業がさかんな韓国——多様な活動から生まれるイノベーション

金銭的な利益と社会に良いことの両立をめざす社会的企業、あるいはソーシャル

ビジネス。日本でもすっかりおなじみになってきたが、お隣の韓国はアジアで初めて「社会的企業育成法」を制定するなど、社会的企業がさかんな国だ。どんな政策がとられ、どういう社会的企業が活動しているのだろう。

社会的企業とは、前述のように金銭的な利益と社会に良いことの両立をめざす。たとえば途上国の資源や産物、労働力を一方的に搾取するのではなくて、適正な価格で輸入したチョコレートや花を販売する「フェアトレード」、オーガニックな素材のみを使ったレストラン……などが挙げられる。ビジネスでお金儲けをしながら、社会をよりよくするのが目標だ。

韓国で社会的企業を支援する法が制定されたのは2006年のことだ。「社会的企業育成法」といい、一定の収益がある、利潤の3分の2以上を社会的目的に使う、有給の労働者を雇用する……などの条件を満たしている企業を国が「認証」し、認証されると一定の期間に人件費や商品開発費の補助に加え、税優遇などの支援が行われる。2018年には累計で1930社が認証されている。

この法律を作った背景には、所得の低い人や高齢者や障害者など、社会的に弱い人たちを救おうという目的があった。彼らに社会的サービスを提供し、かつ雇用の機会もつくろうとしたのだ。といっても、経営的には苦戦している企業が多く、補助金を除いて黒字を出している企業はまだ多くない。日本では1998年にNPO法が制定されたが、認証して法人格は付与されるが、特に法律で財政的な支援を定めていない。また、社会的企業を認証するような法律はない。

韓国といえば財閥系企業が強いが、財閥系企業でも社会的企業に関心を持っているところもある。たとえば、SKグループは自社グループを中心に企業の「社会的価値」について調べる研究所「社会的価値振興院」を設けている。崔泰源《チェ・テウォン》オーナーに、企業のあり方、ビジネスのやり方がこれからは変わってくるという問題意識が強くてつくったのだという。

どんな社会的企業があるのだろう。実際に韓国・ソウルを訪れてみた。今年亡くなった朴元淳《パク・ウォンスン》ソウル前市長はもともと市民活動家であり、社会的企業にも関心が深かった。社会的企業の育成策として、国の施設の跡地を使って作った複合施設「革新パーク」の中に、社会的企業が集まるオフィスを作った。

そこに入居する、社会的企業育成法で認証された企業の一つである「クムジャドンイ」はプラスチック製のおもちゃの再生や、それを通じた子供たちへの環境教育を行っている。

もともと牧師をしていた朴準星《パク・ジュンソン》さんが98年に設立した。牧師時代から青少年の貧困問題に取り組んでいた朴さんだが、「イギリスのオックスファムというNGOを見て、ああいう社会的に役立つことをしたいと思って起業しました」という。「クムジャドンイ」とは韓国の伝統的な子守歌の中にある歌詞のワンフレーズ、「金《きん》のようなうちの子を大切に育てろ」という意味だという。

おもちゃのほとんどがプラスチックで作られるが、再活用はほとんどできていない。「捨てられるおもちゃ類は韓国だけで年間240万トンに及びます。プラスチックのおもちゃの最大の問題は、分解する労力が大変なことです。30分かかって分解しても、1キロ当たり5円でしか売れません」

そういった問題を子供たちに理解してもらおうと、「スルモ」という教育プログラムを作った。スルモ、とは「使い道のないおもちゃの変身」という意味だ。子供たちはおもちゃの分解をして、そこからまた「アップサイクル」して、自分オリジナルの作品を作り出す。

「子供たちはスルモを通じてプラスチックのリサイクルについて楽しみながら知識を得て、環境問題への感受性が上がります」と朴さんは言う。これまでに40万人がスルモを受けた。「環境問題は民族を超えたグローバルな問題です。日本でもぜひいつかやりたい」と語る。

クムジャドンイのオフィスには子供たちが作ったのであろう、見るだけで楽しいカラフルなプラスチックの再生おもちゃが並んでいた。ほかにも中古のおもちゃ販売も行っており、収支はきちんと回っている。

朴さんは社会的企業の認証を受けた理由を「公的な信頼感を得たかったから」と語る。ただ一方で、「本来社会に良いことは自発的に行わねばならないのに、政府に認証してもらうというのはなじまないのでは」というジレンマも抱えている。

やはり社会的企業の認証を受けた「共感万歳」は、高斗煥《ゴ・ドゥファン》さんが2009年に創業した旅行会社だ。社員は40人以上、年間売り上げは4億円にのぼる。

高さんはもともと、大学時代に大学新聞の記者として活動、その後はフィリピンのNGOで研修し、そこで韓国のラジオ局の通信員などをしていた。大学時代には大学の学費値上げ反対運動などにも参加していた。生粋の市民活動家といってもいいかもしれない。

「国立大学の法人化が進んで、学費がいきなり2倍くらいになって、自殺する学生が増えて。これはひどい、みんなが生きやすい社会を作りたいと思いました」

社会問題に対する憤りや変革に挑戦するマインドの持ち主だった高さんだったが、就活はしなかった。

「学生の時から市民運動をしていて、でもみんなは昔ながらの市民運動にあまり共感してくれず、孤立感やさみしさがあった。何かもっと楽しく社会を変えることができないか、と思った時、〝フェアトラベル〟と出会いました」

フェアトラベルとは、一方的にただ観光するのではなく、地域の人々との交流を楽しみながら、社会課題について学び、地域を知る旅のことだ。「消費ではなく、関係を作る旅ともいえます」と高さんは言う。開発途上国の産品を適正な価格で購入する「フェアトレード」とも似たコンセプトで、一方的に収奪するのではなくて、相手との関係性を大切にする旅といえるだろうか。

たとえば、「共感万歳」ではタイのチェンマイに近い町、ナカウキウへの旅を行っている。美しい自然が豊かな地域だが、人口減少が続き、小学校の廃校が相次ぐ。ここをたずねて自然を楽しみ、地元の人たちと交流。旅の収益で地域に図書館をつくり、さらに本を増やすために寄付をしている。

また、フィリピンのルソン島中北部には美しい棚田が広がる地域がある。長い稲作の歴史があるが、過疎化が進み荒れている田んぼも多い。ここでホームステイをして、田んぼの手入れをする旅も行っている。

「たとえば、タイへの旅に参加した小学生は、列車に乗っているときもスマホを見ずに風景を見て、みんなとのおしゃべりを楽しめたといっていました。地元の人たちが笑顔で優しく接してくれたのがうれしかったそうです」

実は日本への旅も多く実行してきた。たとえば、広島県の神石高原町という人口減に悩む町を訪れて、地元の人々と交流する旅も行っている。2018年から小学生から大学までの学生、公務員や企業研修、家族旅行などで300人以上が参加した。

平均4泊5日で、近くの倉敷市や尾道市なども訪れながら、神石高原に最低1泊はするのだという。農業体験をし、過疎対策やまちおこしなどの政策について町役場を訪れて話を聞き、現場を回る。参加者からは「韓国も過疎に悩む地域が出てきているので、参考になった」「韓国の地方の未来を考える機会になった」「自然の中で過ごせて楽しかった」などの感想が寄せられているという。

コロナ禍では海外旅行はできなくなってしまったが、当面は国内旅行に特化して事業を行っていくつもりだそうだ。

一方で、社会的企業の認証を選ばなかった会社もある。

「インパクトスクエア」はシェアオフィスを運営し、スタートアップの社会的企業を支援する「アクセラレーター」をしている社会的企業だ。都賢明《ト・ヒョンミョン》代表が2010年に設立した。

都さんはもともと2005年から08年まで韓国を代表するIT企業、NAVERで働いていた。「その頃はまだNAVERも小さくて、スタートアップがどう運営されるかを学びました。もともと人の役に立つ仕事をしたかったので起業しました。一つのことだけをするというより、多様なことに興味があったので」支援する仕事を選んだのだという。

今は20の会社に投資をし、また大企業のCSRの支援先として、社会的企業を結びつけることもしている。「CSRのコンサルタントと考えてもらえれば」

たとえば、投資先の一つとして環境に優しい素材を使ったスニーカー作りをしている会社「LAR」がある。今は9割が生分解性の材料で作られており、今年には10割を達成できそうだという。すなわち、履いた後には土に完全に戻る、というわけだ。

社会的企業の創設者たちは、技術的にすぐれていたものを持っていても、それを説明することが苦手な人たちが多いという。「だから、自分たちのやっていることにどれだけの価値があるのか、ビジョンを明確にして外部にわかるようにできるよう支援します」。人事や組織の管理もアドバイスする。

GPSを利用して遊牧民が放牧する家畜を管理できるシステムを開発している会社も支援している。LMSといい、livestock management system（家畜管理システム）の略だ。カザフスタンで実際に事業を行っているのだという。ここに韓国を代表する企業、サムソンを紹介してCSRとして支援金を出してもらった。

「大企業の信頼を得るのは大変ですが、それでも少しずつ変化が出てきました。今の文在寅大統領が社会的企業に関心が強いので、社会もだいぶ変わってきたように思います」

ホテルに社会的な価値を入れて改装することで人気を得た例もある。たとえばソウルの人気地区、江南にある「ホテル・カプチーノ」。環境に優しい素材やアップサイクリングしたインテリアを使い、レストランでは支払いの一部は寄付に回す。ホテルには洋服のリサイクルボックスを設置し、新しい服を買ったら古い服はここに入れてとPR。利用した人にはコーヒークーポンを贈呈する。

「これが競争力となって今では人気ホテルです」

「最初の5年は本当に大変でした」というが、今は追い風が吹いている。でも、都さんはまだまだ先を見据える。「消費者が社会に良い価値をもった商品がほしくても、その選択肢がない。あらゆる分野にそういう商品が広がるといいと思います」

日本でも、このような社会的企業へのアクセラレーター的な役割をする組織も最近出てきたが、韓国のほうが歴史が長い。日本ではそもそもアクセラレーターの支援を受けられるほどに成長のポテンシャルがある社会的企業自体が少ないからだ。

今後社会的企業が成長するためには、このようなアクセラレーターの役割は大事だろう。

　ちなみに都さんは社会的企業の認証を受けなかった。「法律には当初、自分たちのような事業は認証の対象として含まれていなかった」からだという。法律は「社会的企業への議論を盛り上げ、成長させるのに意味があったけれど、イノベーションを生むという社会的企業の役割が、政府の観点によって制約されてしまうという副作用もあった」という。

　クムジャドンイ、共感万歳、インパクトスクエア、認証の有無にかかわらず、3社に共通するのは社会に新しい価値をつくりだしていこう、そしてそれを世の中にわかってもらおうという努力を常にしていることだ。社会的企業育成法も課題はあるものの、社会的企業を根付かせる一定の効果はあるようだ。ただ、政府の関与がどの程度が望ましいのかは、常に議論が必要のように思える。

初出：朝日新聞GLOBE＋　2020年3月24日
社会的企業は「国家政策」　社会課題にビジネスで取り組む、韓国の最前線

エピローグ

フランスの若者は、なぜデモに参加するのか？

日本への留学経験もあるヴァロンタン・ブジーグさん

デモに5回参加したというリリアン・ホスタインさん　ご本人提供

フランスの若者は、なぜデモに参加するのか？

私事で恐縮だが、2019年の12月末からフランス・ボルドーで過ごしていた。会社を休んで留学した。以前、イギリスに一年留学したことがあったので、大陸側のヨーロッパに住んでみたいと思っていた。縁のあったボルドー政治学院に半期通うことにして、久々の学生生活を楽しんでいた。

住んでいた地区は郊外の住宅街で、冬から春になっていく変化を道ばたの草花や、学校に出かける時の朝の空気の冷たさや明るさ、太陽の高さで感じた。週末には広場で開かれる市場《マルシェ》に出かけてクロワッサンやら野菜やら果物やらチーズやら安いワインやらを買い、買い物に訪れる人々の様子を観察するのが面白かった。2月も末になると黄色い水仙を丸く束ねたブーケが2ユーロで売られていて、買ってぶら下げて歩いていると、私もその地域の住民になった気がして嬉しかった。

その頃、マクロン政権が年金の受給開始年齢を引き上げるなど改革をしようとしていて、反対する人々がフランス全土で大騒ぎでストやデモを続けていた。1日で全国80万人が参加したこともあったという。

人々はストに寛容だ。ボルドーでも主な交通機関であるトラムがよく止まったが、不便はあっても、そう文句も言わず、そのまま受け止めているふうだった。

大規模な全国ストとデモを前にした1月の授業でのことだ。私は「ジェンダーと国際関係」というクラスをとっていたのだが、担当の女性教授は冒頭に「えー、今日は、授業計画から少しそれて特別な講義を少しします」と、「年金改革とジェンダーの視点」というスライドを映し出した。「今、フランスは歴史的な時を迎えようとしています。みなさん知っていると思うけど、今週には大規模なストとデモが予定されています。せっかくの機会なので、今社会で起きていることを、この授業の観点から解説します」

するとある学生がおもむろに立ち上がった。「僕たちもデモに参加します。よかったらみなさんも一緒に来てください」。

授業の後で、担当のキャサリン・ホフラー教授に聞いてみた。なぜ年金改革を授業で取り上げたのですか？

「これだけ大きな問題になっていることだから、教室で学ぶこととつなげて考えてほしかった。それが私の役目だと思ったから。改革に賛成でも反対でもいい。ただ教師として、教室の外で起きていることに目をつぶってはいられないと思ったんです」

私はデモに参加した学生にも話を聞いてみることにした。日本にも1年留学したことがあるボルドー政治学院4年生のヴァロンタン・ブジーグさん。2回デモに行ったという。「年金改革に反対で、自分のできることはデモに参加することだったから。政治はプロの政治家だけに任せておくものじゃなくて、自分の生活と深く結びついていると思うから」

日本の学生は違いますよね、というと大きくうなずいた。「政治的な争いや議論を好まないというか。日本にいたとき、クラスメートに安倍首相についてどう思う？　とか聞いたことがあったけど、全然のってこなかった。政治的なこともしない。みんな授業があってバイトとかデートとかで忙しいから」。でも、と続けた。

「自分も勉強やバイトもデートもあるけど、デモにも参加します」

デモで政治は変えられると思う？　と問うと「95年に年金改革を政府がやろうとして、やはり大規模なデモやストがあって撤回したことがあるんです」。あなたの生まれる前でしょう、と思ったが、成功体験が受け継がれているということか。

彼に、デモに5回参加したという同級生を紹介してもらった。リリアン・ホスタインさん。

「改革に反対で、自分が出来る唯一の機会がデモに参加することだから。何もしなければこのまま決まってしまう」

5回も行ったということは、デモが面白かったんですか？

「ええ、すごく。ふだんは会わないいろんな職業や年齢の人が来ていて、みんなが一つの目的に向かって一緒に行動していて。つながりや一体感を感じました。サンドイッチを売っていたり、マジックをしている人もいました」

確かに私がデモを見に行ったときも、吹奏楽のバンドが音楽を演奏し、人々が囲んで楽しそうだった。イベント感覚なのだ。といってももちろん、警官と対峙し、緊張する場面もある。商店の店先にペンキがぶちまけられたこともあった。要はいろんな形があるのだ。

しかし5回もデモに参加して、授業は大丈夫なのだろうか。リリアン君は驚くべきことを教えてくれた。「デモに参加する時は、授業は欠席扱いにならないんです」

学生担当の教授に聞きに行った。ダリオ・バチステラ教授は言った。

「昨年12月に、20数人の学生が大学を封鎖して、デモに参加する時は授業に出なくていいよう要求したんです。私たちはそれを受け入れる判断をしました」

暴力に屈したことにならないですか？　と聞くと「そういう面もあるでしょうね。でももし認めなかったら暴力がエスカレートしたかもしれない。警察が介入するのも防ぎたかった。それに、学生が社会運動に参加するのも大事なことですから」

日本で政治について長く取材してきた。若者が政治に関心を持ちにくい日本と違ってフランスは、と簡単に言いたくないし、言えないとも思う。

ただフランスでは、政治に参加するハードルが低いというか、デモといっても身構えず気軽に参加できる環境と雰囲気があった。成功体験も引き継がれていた。大人が若者にきちんと向き合って、支援しようとしていた。それが特別なことではなく、日常だった。政治が身近で生活に根ざしていた。

でもそういう日常は、何かのきっかけであっという間に崩れてしまう。新型コロナウイルスで、世界の様子が一変してしまったのはご存じの通りだ。誰もが何らかの形で影響を受けているだろう。

私自身、せっかく、せっかく行ったフランスで突如学校が閉鎖になり、間髪入れずにレストランやお店も営業停止、市場も開かれなくなった。飛行機もどんどん欠航となって、3月末にやっとの思いで最終のパリ－羽田便で急きょ帰国した（その後数カ月、パリ－羽田の直行便は飛ばなかった）。

ホフラー教授の授業も中断となり、その後オンラインでは実施されたものの、やはりリアルの授業とは全く違った。ヴァロンタン君がアルバイトをしていたボルドーの和食レストランにも「また行くね」と言っていたのに、それっきりになってしまった。

あるいは、昨年2019年に2回訪れたポートランド。

私のお気に入りのカフェがあった。中心部のダウンタウンにもおしゃれできれいなカフェはいっぱいあって、そういうお店も好きだったけれど、結局一番通ったのはAPANOのオフィスから10分ほどの（つまり、中心部からは離れた）「Bipartisan Café」という名のカフェだった。名前がいい。無党派カフェ。もちろん、ポートランドは民主党の強い地域で、オーナーたちも民主党支持らしいが、カフェの壁にはニクソンとケネディをはじめ、さまざまな政治家の写真が飾ってあって、要は右も左も誰でもどうぞ、コミュニティに根ざして開かれています、ということのようだった。ウエブサイトには政治家やミュージシャン、著者のイベントお待ちしてます、政治的な議論、対話も大歓迎、とあった。

つまりここでも政治は身近。でも決してしゃちこばったものではない。

店内では髪がピンクで腕にタトゥーの入ったパンキッシュなスタッフが忙しく立ち働く。一人でラップトップに向かう私のような客、コーヒーを前にうつらうつらしている年配の男性、若いグループ、白髪の女性二人……とそれはもうバラエティに富んでごった煮状態。おしゃれ、というよりも雑多な感じなのだが、それが居心地よかった。なんか生活がぎゅっとつまった感じがあるというか。それと政治が同居している。気軽に地域や社会や政治のことを話そうよ、という雰囲気だろうか。

名物のアップル、チェリー、ピーチ、ブルーベリーといったパイの数々も、アメリカによくある甘ったるしいものではなくて砂糖控えめのほどよい甘さで気に入っていた。もちろん、ていねいに淹れてあるコーヒーがおいしいのは言うまでもない。原料はローカル、オーガニック、甘いものももちろん食べたいけれどもできるだけ健康的に、値段はお手頃に。カフェとは美味しいコーヒーやちょっとした食べ物と共に、時間や雰囲気、対話を楽しむ場。誰でも歓迎でいろんな人が集まり、話す場。

そのカフェも、今はテイクアウト中心になっているようだ。しばらくはあの賑わいは不可能だろう。あの空間で味わうからこそ、より美味しく感じられたのだけれど。

ポートランドは、白人警官による黒人男性の暴行死事件のあと起きた「Black Lives Matter」の抗議活動が激化し、破壊活動になり、それに対する治安部隊との衝突も起きて緊張と騒乱が続いているようだ。抗議勢力のなかでも「そこまで過激にやるのはどうか」という意見も出るが、そういった声は白眼視されるという。

愛しいあの日常が、同じ形で戻ってくるのかどうかはわからない。新しい生活様式とかニューノーマルとかいう言葉が踊っている。でも生活様式がどんなふうになろうとも、ボルドーやポートランドにあったあの感じ、政治は日常で身近であって、みんなで楽しく考えようよ、という雰囲気を忘れたくない。それを大事に思う人たちがいる限り大丈夫な気がする。いつかまたボルドーやポートランドに行って、確かめたい。

ポートランドの「Bipartisan Café（無党派カフェ）」
© 朝日新聞社

McCarthy
for President
Columbia

あとがき

私の専門分野は政治だ。けれども政治を永田町や日米関係といったいわゆるメインストリームの文脈から取り上げるのではなくて、日常生活や暮らしから政治を感じてもらえるような文章を書きたいと思ってきた。そして、心がさざくれ、がっかりするようなことの多い日々の中でも明日に少しでも希望を持てるようなことを取り上げ、何か自分も一歩を踏み出してみたいと思ってもらえれば、とも。

ここに収録したものは朝日新聞をはじめとする媒体に書いたものが元となっている。掲載から時間がたったものについてはできるだけ再取材、加筆・修正をした（文中で、★印が入ったあとのものは、「その後」の加筆だ）。久々に連絡をとってみると、みなさんそれぞれ変化があり、嬉しいことも、驚くことも、そして時には悲しいこともあった。

私の文章を見つけて声をかけてくださり、最後まで伴走してくださった現代書館の須藤岳さん、そして私の相手をして話を聞かせてくださった、ここに登場する全ての人たちに心からお礼を申し上げます。

ありがとうございました。

2020年10月

秋山訓子

秋山訓子 あきやま・のりこ

1968年東京生まれ。東京大学文学部卒業。
ロンドン政治経済学院修士。朝日新聞編集委員。
朝日新聞入社後、政治部、経済部、『AERA』編集部などを経て現職。
著書に『ゆっくりやさしく社会を変える――NPOで輝く女たち』
『女は「政治」に向かないの?』(以上、講談社)、
『女子プロレスラー小畑千代――闘う女の戦後史』(岩波書店)、
『不思議の国会・政界用語ノート』(さくら舎)など。

コーヒーを味《あじ》わうように民主主義《みんしゅしゅぎ》をつくりこむ
日常《にちじょう》と政治《せいじ》が隣《とな》り合《あ》う場所《ばしょ》

2020年11月30日　第1版第1刷発行

著者　秋山訓子
発行者　菊地泰博
発行所　株式会社現代書館
〒102-0072　東京都千代田区飯田橋3-2-5
電話 03-3221-1321　FAX 03-3262-5906　振替 00120-3-83725
http://www.gendaishokan.co.jp/
印刷所　平河工業社(本文)　東光印刷所(カバー・表紙・帯・別丁扉)
製本所　鶴亀製本
ブックデザイン　伊藤滋章

校正協力:高梨恵一
　ISBN978-4-7684-5889-1

現　代　書　館

政権交代が必要なのは、総理が嫌いだからじゃない

私たちが人口減少、経済成熟、気候変動に対応するために

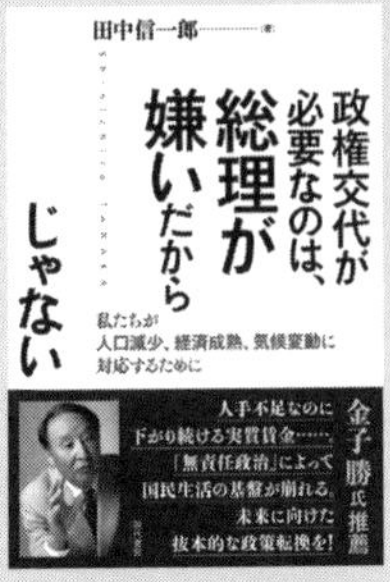

田中信一郎 著　　1700円＋税

人口減少時代を迎え、従来の経済認識やアプローチの転換が不可欠であることを丁寧に説き、現代日本の諸論点について現実の分析に基づいた実践的な対応策を盛り込む。新自由主義との訣別によって拓かれる新たな経済政策と社会のビジョンを鮮やかに提示している。

日本の堤防は、なぜ決壊してしまうのか？

水害から命を守る民主主義へ

西島 和 著　　1600円＋税

近年、記録的な大雨による甚大な水害が相次いでいるが、日本全国の堤防は土を盛っただけの“土まんじゅう”で極めて脆弱。従来のダム優先の政策から、気候危機とSDGsに対応し人命を最優先させる水害対策への転換が必要であることを指摘し、具体的な方策を提示。

シモーヌ Les Simones VOL.3

特集：オランプ・ドゥ・グージュ

シモーヌ編集部 編　　1300円＋税

劇作家オランプ・ドゥ・グージュは、1791年に「女性および女性市民の権利宣言」を書き、社会から女性が排除されている事実をパロディによって告発した。パリテ（男女対等）を主張し、BLMを謳ったグージュのメッセージは、現代を生きる私たちの問題とも地続きだ。